高等职业教育"十二五"规划教材

高职高专汽车类专业理实一体化系列教材

汽车用品营销实务

毛矛　编著

国防工业出版社

·北京·

内 容 简 介

本书共分 8 章,系统地介绍了汽车用品市场及分类、汽车内外装饰用品、汽车养护美容用品、汽车电子电器用品、汽车改装用品、汽车安全应急及户外自驾用品、汽车用品营销以及汽车用品库存管理等内容。本书第 1 章到第 6 章在对汽车用品分类的基础主要围绕用途、性能、材质、品牌、使用与安装等方面逐一介绍汽车用品,力求使学生对汽车用品有一个全面的了解。第 7 章从汽车用品营销的特点、汽车用品营销模式、汽车用品定价策略和汽车用品营销目标管理等方面介绍了汽车用品营销方面的内容。第 8 章从汽车用品库存管理方法、汽车用品库存管理流程、汽车用品库存量的控制方法等方面介绍了汽车用品库存管理方面的内容。

本书通过大量图例介绍汽车用品具体产品,可读性强,既可作为高职高专院校汽车类专业相关课程的教材,也可作为汽车用品营销专业人员的培训教材和学习汽车用品营销知识的参考书,也可作为普通高校相关专业的教学参考书。

图书在版编目(CIP)数据

汽车用品营销实务/毛矛编著 . —北京:国防工业
出版社,2015. 1
高职高专汽车类专业理实一体化系列教材
ISBN 978-7-118-09823-5

Ⅰ.①汽…　Ⅱ.①毛…　Ⅲ.①汽车—专业商店—
市场营销学—高等职业教育—教材　Ⅳ.①F717.5

中国版本图书馆 CIP 数据核字(2014)第 274242 号

※

国防工业出版社出版发行
(北京市海淀区紫竹院南路 23 号　邮政编码 100048)
北京奥鑫印刷厂印刷
新华书店经售

*

开本 787×1092　1/16　印张 10¾　字数 245 千字
2015 年 1 月第 1 版第 1 次印刷　　印数 1—3000 册　定价 25.00 元

(本书如有印装错误,我社负责调换)

国防书店:(010)88540777　　　发行邮购:(010)88540776
发行传真:(010)88540755　　　发行业务:(010)88540717

前 言

伴随着汽车作为消费品走入中国家庭,汽车产业与汽车市场在中国高速发展了近 20 年,使得中国的汽车产销量毋容置疑地确立了全球第一的地位。继 2009 年销量突破 1000 万辆之后,2013 年中国的汽车产销量又突破了 2000 万辆。考虑到中国经济发展和人口的因素,中国汽车产业预计还将继续发展。

汽车产业的高速发展在使得社会的汽车保有量迅速增加的同时,也带动汽车后市场的迅猛发展。

所谓汽车后市场是相对于汽车前市场说的。汽车前市场是指为实现汽车销售而进行的各种交易和服务的市场,通常称为汽车市场。而汽车后市场则是指汽车售出之后的维修、保养服务及其所需汽车零配件、汽车用品和材料的交易市场。由汽车配件、汽车用品、汽车维修保养三大板块组成的中国汽车后市场产业链就像是一座巨大金矿。

根据汽车发达国家的经验,汽车后市场的利润可占整个汽车产业利润总和的 60%~70%。在美国,汽车后市场服务业被誉为"黄金产业";在欧洲,汽车后市场也是汽车产业获利的主要来源。

汽车用品是汽车在使用过程中延伸的产品系列。作为汽车后市场的三大板块之一,汽车用品市场是目前发展最快、前景最好的细分市场。每辆汽车至少需要坐垫、脚垫、车膜等基本的车内饰品。随着国人对汽车文化的逐步深入体验、人们生活水平的不断改善,车友们越来越关注汽车的装饰、美容以及车载电子设备等,这些产品在汽车后市场中所占据的比重也越来越高。汽车装饰用品在国人收入进一步提高的同时,许多人已不满足于过去的"统一"形象。广大车主、特别是年轻车主追求个性化的汽车装饰,使得这一块的市场前景非常广阔。实际上,汽车用品消费贯穿于新车销售、售后服务、零部件销售、二手车经营等各个方面。汽车用品市场涵盖范围很广,有 10 多个大类,数万个品牌,每年的新品推出量在 3000 个系列以上。《2011 中国汽车用品市场趋势观察研究预测报告》中数据表明:国内行业经销企业已经达到 70000 多家,其中年产值 100 万~500 万元的企业大概占到行业经销商总数的 43% 左右,达 30000 家左右,年产值 500 万~2000 万元占到 30%,达 20000 家左右;2000 万~5000 万元的达 8000 来家左右;5000 万元以上的达 2000 家左右。

近年来中国政府逐渐重视汽车用品行业,积极推进汽车用品的产业化,鼓励汽车用品行业特别是技术含量高的汽车电子产业的技术创新。政府也在逐步完善汽车用品行业的相关法规及标准,为汽车用品企业的发展提供有序的竞争环境。同时汽车用品企业也在不断自主创新,引进和培养专业人才,抓住汽车用品行业的发展机遇。

对于汽车 4S 店来说,售后市场中的维修、保养、零部件所创造的利润已相对稳定,增长不大,唯有汽车用品由于过去被轻视而占较低市场份额,具备较大增长空间。同时,新车的销售会直接为 4S 店带来"装饰与装备资源",而汽车装饰是个性化的体验,有高额的利润回报。因此许多汽车 4S 店开始将汽车用品作为差异化竞争营销手段。

相对于汽车用品行业的繁荣与高速发展,是相关专业营销人才的匮乏。目前全国高校中鲜有开设汽车用品相关课程。汽车用品方面的教材更是没有。海南工商职业学院顺应市场需求,从服务经济发展的需要出发,率先开设汽车用品营销课程。海南工商职业学院汽车教研室毛矛老师集多年的教学与实践经验,编著成此书,抛砖引玉。限于作者的水平,书中难免有不完善的地方,恳请专家和读者提出宝贵的批评意见,以便在今后的修订中改进。在编著本书的过程中,参考和引用了一些文献资料,在这里特别向这些文献资料的作者表示诚挚的感谢。

编 者

目 录

第1章

汽车用品市场及分类

【学习目标】

1. 了解汽车后市场的概念。

2. 了解汽车后市场在整个汽车市场中的重要地位。

3. 了解汽车用品行业发展现状。

4. 了解汽车用品行业目前存在的问题。

5. 了解汽车用品行业发展前景。

6. 掌握汽车用品分类。

【本章重点】

1. 汽车用品行业目前存在的问题以及发展前景。

2. 汽车用品的分类。

1.1 汽车用品市场

1.1.1 前言

自从 2001 年加入 WTO,中国的汽车业飞速发展。至 2009 年,中国的汽车产销量一举突破 1000 万辆大关,超过美国,成为全球汽车产销量第一的汽车大国。据中国汽车工业协会公布的数据,2013 年全国汽车年产销量突破 2000 万辆。随着中国汽车工业的高速发展,汽车进入普通民众家庭。到 2013 年末,中国汽车保有量达到 1.37 亿辆。

在汽车供应量持续增加、市场竞争白热化的情况下,新车销售的利润越来越薄。与此同时,日趋成熟理性的消费者对售后服务方面的要求也越来越高,也造就出巨大的"汽车后市场"空间。

所谓"汽车后市场",指的是汽车售出之后的维修、保养、服务以及所需的汽车零配件、汽车用品和汽车材料的市场。据统计,2005 年我国"汽车后市场"的营业额为 880 亿元,到 2009 年增加到 2400 亿元,到 2012 年增至约 5000 亿元,年复合增长率为 26.9%。汽车后市场正逐渐成为整车销售之后的中国汽车市场第二块"大蛋糕"。从汽车产业链角度来看,作为汽车后市场的三大板块之一的汽车用品市场占汽车后市场大约 30% 左右份额。从营销的角度来看,汽车用品项目在整个后市场中是最容易出成绩的部分。

一般汽车出厂时都有多种型号或版本,不同版本车辆配置不同,不同的消费者对车辆具有不同的使用观念。比如,当选购较低配置车型的车主要求享受更高的产品服务,或者车主需要用到原厂配置不具有的附加产品功能时,用品加装与改装是满足此类需求可供选择的途径。因此,汽车产销兴旺给汽车用品市场的兴旺发展提供了基础,汽车用品在当前的中国迎来了黄金发展时期。

1.1.2 汽车用品行业发展现状

据调查,如同购买了房子要进行装饰一样,约80%的购车者会依照自己的喜好对汽车进行装饰、加装甚至改装,以美化汽车内外观感、提高驾乘舒适性并彰显个性。销售价格越高的汽车,其选择的汽车用品档次也越高。

当前汽车用品市场的特点是品种多、数量广。国内的汽车用品生产厂家大多以中小企业为主,以生产低成本、低档次产品为主。随着市场规模不断发展,质量提升成为主流,品牌概念在汽车用品市场各个门类中逐渐占据主导地位。

相关的调查结果显示,现今消费者选购汽车用品的主要途径仍然以传统方式为主。40%左右的消费者购买汽车用品首选在汽配城或者汽车用品商店。17.7%的消费者选择了在大型汽车用品超市购买汽车用品。这些都促进了各大城市汽车用品市场的繁荣发展。

近年来,随着网络的发展与普及,网上交易的优势逐渐体现,在汽车用品交易总量中所占的比例越来越大。网上交易减少了许多开支,其中包括人工、管理以及市场推广等方面的花费,而且节约顾客选择比较的时间。网络交易的评价体系让消费者选购汽车用品有了重要的参考依据,选购的信心更加充分。从目前我国的汽车用品销售状况来看,网店数量增长非常快,这对于我国的汽车用品行业的发展具有非常重要的意义。汽车用品在网上销售还有很多实际问题需要解决。例如如何实施安装操作、如何保证质量、如何简化交易手续、如何提高交易安全度以及如何完善售后服务等。这些问题都需要在发展的过程中得到解决,才能将汽车用品的网络营销进行得顺畅。

中国汽车用品行业的展会发展迅猛,影响力比较大的有广州国际汽车售后产业及服务业展览会(AAITF)、中国汽车用品(郑州)交易会、北京华港汽车改装件展、北京雅森汽车用品及改装展、上海汽配用品全球订货会和哈尔滨汽车凉垫订货会等。

在汽车用品行业发展过程中,专业媒体日益完善。网络类媒体主要有:慧聪网汽车用品频道、中国汽车用品网、太平洋汽车网、中国汽车影音网等;平面类媒体主要有:音响改装技术、点金资讯、汽车用品市场等。

汽车用品的行业组织同样发展迅猛,中国汽车工业协会成立了"中国汽车工业协会汽车用品分会"。中国汽车用品行业年度优秀评选、慧聪网"汽车用品行业十大"评选、中国汽车用品行业年会、中国汽车用品行业流行趋势发布会、全国汽车用品营销大赛、中国汽车改装全国巡回赛等汽车用品行业活动和赛事对我国的汽车用品行业的发展起到了巨大的推动作用。

从汽车用品市场分布来看,目前我国汽车用品市场初步形成六大区域市场,它们分别是以广州为中心的珠三角区域市场;以上海为中心的长三角区域市场;以北京为中心的环渤海区域市场;以哈尔滨为中心的东北区域市场;以成都为中心的中西部区域市场和以乌鲁木齐为中心的西北区域市场。

1.1.3 汽车用品行业存在的问题

汽车用品行业虽然发展很快,但存在着以下几方面不容忽视的问题。

1. 鱼龙混杂

汽车用品整个产业目前有了一定的规模,但知名品牌不多,大多数产品知名度不高,市场中存在大量假冒伪劣产品。汽车用品,尤其是低档汽车用品的行业门槛较低而利润较高,吸引了众多的投资者加入汽车用品的生产行业。这就不可避免地产生鱼龙混杂的问题,需要通过不断完善行业标准加以解决。

2. 产品同质化严重

随着私家车的数量急剧增大,消费者对汽车用品的需求呈现出强烈的个性化趋势,需要更多、更能体现车主个性化的汽车用品。而目前市场上生产出售的汽车用品中,体现明显个性的产品不多,创新度不高。产品往往设计简单,制作也不够精美,很难满足消费者消费品味增长的需要。

3. 专业化程度不高

目前我国汽车用品行业的专业化水平仍然不高,关键是专业人才稀缺,如果不能及时的发展提升,将成为制约汽车用品市场优化升级的一个瓶颈。以汽车美容为例,汽车美容技术经历了早期的打蜡、渡膜、封釉等技术的发展。现在的车主已经从以前追随潮流的装饰转化为追求个性化、与众不同的汽车美容,要足够的专业水准才能不停满足日益更新的市场需求。

4. 忽视汽车文化

汽车用品的灵魂是汽车文化,包括汽车消费文化、汽车品鉴文化、汽车企业文化等诸多方面。汽车用品行业的发展应该围绕汽车文化的孕育展开,汽车用品行业的繁荣离不开汽车文化的兴盛。当前大多数汽车用品企业缺乏对汽车文化的感悟与塑造,导致产品缺乏灵魂,无法完成优秀品牌的建树。

5. 汽车用品消费不成熟

国内的汽车市场处于初级阶段,许多消费者在选择汽车用品时容易无所适从,不懂得如何区分选择优质产品。选购过程中,个人喜好这样的心理因素往往占据主导地位。这使得许多汽车用品生产商放弃对创新及高质量的追求,将精力放在注重外观形式上。

解决以上问题,需要从生产厂家和经销商两方面入手。

从生产厂家方面而言,第一,要加强原厂汽车用品的品牌建设力度,以品牌的力量获取更高的用户忠诚,从而提高原厂汽车用品的销售能力和利润率;第二,要加强产品研发和体制创新,围绕消费者需求和购买偏好开发适销对路的用品;第三,加强渠道网络建设,联合经销商共同参与市场竞争。厂家需要加强渠道研究,在确保货源畅通的同时给下游经营者合理的利润空间,以更好地推动销售,占领和保有市场份额。

从经销商方面而言,第一,汽车经销商要有明确清晰的汽车用品战略意识,汽车用品是提升汽车经销店利润的重要来源;第二,要充分把握第一时间接触客户的有利机会,充分做好整车环节汽车用品推广和销售;第三,要加强自身汽车用品队伍建设,深度挖掘用户需求。做好原厂汽车用品销售,提升品牌形象和力度,以便战略性地把握汽车用品市场。

1.1.4　汽车用品行业前景展望

1. 专业化的汽车用品广场迅速发展

随着汽车用品市场不断走向规范化,汽车用品也在适应需求,走向国际化与专业化道路。目前在长沙、北京、乌鲁木齐、宁波等大中城市纷纷建立专业化的汽车用品广场或超市,这种模式突破了以往的面向终端汽车用品消费市场和汽车用品的批发市场的概念,建立集产品展示、技术交流、信息汇总等多种功能于一体的交易平台。这些专业汽车用品广场的崛起无疑会对汽车用品市场的提升起到很大的作用。

2. 汽车用品市场深入内地

在三大汽车用品中心城市广州、上海、北京基础上,全国汽车用品交易市场增多,不断向二三级城市延伸,如山东的临沂、淄博、潍坊,江苏的常熟、苏州、常州都出现汽车用品城或汽车用品一条街。汽车用品大市场不断渗入全国各地。除了六大区域城市中心之外,很多小城市汽车用品市场的发展将带来全国汽车用品市场的进一步繁荣。

3. 连锁店经营普及

目前我国的汽车用品市场仍然是处于比较散乱的状态,真正知名的品牌非常少。而就目前看来,真正要做大做强除了要壮大规模树立品牌之外,还要运用现代化的连锁经营模式。一方面将店面规模控制在适中程度,一方面增加店铺数量,从而使得销售的终端渗透到每一个地区之中,通过提升品牌的知名度和加强企业管理创建名牌。

4. 零售外资品牌的强势介入

美国的 NAPA、AC 德科,日本的奥德巴克斯、黄帽子等都非常关注中国市场,到目前为止,日本奥德巴克斯已经在上海、深圳、北京相继开设了连锁店,有不下 30 家国外知名汽车服务企业宣布了进军中国市场的计划。外商觊觎中国庞大的汽车用品市场,这对我国本土的汽车用品商家来说既是机会也是挑战。如何在竞争中保住自己的市场并加以扩大成为了我国汽车用品商家应该考虑的问题。

1.2　汽车用品分类

汽车用品是指应用于汽车改装、汽车美容、汽车装饰等汽车零部件及相关产品。

汽车用品按照产品特性及用途,可以分为以下几类:①汽车影音设备;②汽车电子电器;③汽车内饰用品;④汽车外饰装潢;⑤汽车养护美容;⑥汽车改装用品;⑦汽车安全用品;⑧汽车户外自驾;⑨汽保设备工具。

本书从其用途及营销的角度将汽车用品归结为:①汽车内外装饰用品;②汽车养护美容用品;③汽车电子电器及影音设备;④汽车改装用品;⑤汽车安全应急及户外自驾用品。

复习思考题

1. 中国汽车用品行业比较有影响力的展会有哪些？你所在的城市有没有举办过汽车用品方面的展会？

2. 你如何看待中国汽车用品行业的发展前景？你有机会进入这个行业吗？

第2章

汽车内外装饰用品

【学习目标】

1. 掌握汽车内饰用品主要包含哪些用品。
2. 掌握汽车外饰用品主要包含哪些用品。
3. 了解汽车内饰用品目前主要有哪些品牌。
4. 了解汽车内饰用品主要品牌的主打产品是什么。
5. 了解各种汽车内饰用品的材质及其特点。
6. 了解汽车内饰用品不同的设计与做工特点。
7. 了解汽车外饰用品目前主要有哪些品牌。
8. 了解汽车外饰用品主要品牌的主打产品是什么。
9. 了解各种汽车外饰用品的材质及其特点。
10. 了解汽车外饰用品不同的设计与做工特点。

【本章重点】

1. 各种汽车内饰用品的材质特点。
2. 各种汽车外饰用品的材质特点。

汽车内外装饰用品是汽车用品中一个比较大的门类,包含的产品种类很多。

其中汽车内饰用品主要包含:汽车坐垫/座套,汽车脚垫/地胶,头枕/抱枕/腰靠,方向盘套,排挡套/手刹套,汽车挂件/摆件,后备箱垫,遮阳挡/避光垫,防滑垫,脚踏板防滑垫,CD包/碟盒,置物箱,香水等。

汽车外饰用品主要包含:隔热防爆膜、汽车贴纸,车牌架,轮毂盖,门边胶,铝贴,车身彩条,尾气罩,挡泥板,灯饰框,防撞胶,风标,静电带,后视镜,晴雨挡,门腕,备胎罩,装饰灯等。汽车外饰用品可以分为隔热防爆膜、车身外饰与加装、车贴与车标、汽车装饰灯四大类。

2.1 汽车内饰用品

2.1.1 汽车坐垫与座套

汽车坐垫通常是指放在座椅上能改善乘坐舒适性,使乘客感到舒适的软质物品;汽车座套通常是指套装在座椅上,既保护座椅免受磨损,又能方便保持座椅的清洁卫生的纤维制品。两者有时区分并不明显,一些商品既是座套又有坐垫特点。

汽车坐垫与座套品牌多、产品品种多,材质及做工各有特色,价格也参差不齐。

汽车坐垫分凉垫、棉垫、四季垫、保健坐垫。凉垫用于夏季,在汽车被太阳暴晒后,也不至于烫屁股。棉垫用于冬季,起一定保暖作用。四季垫可以四季通用,冬天不冰夏天不热。保健坐垫里一般含有托玛琳和麦饭石。托玛琳,又称为电气石,是一种硅酸岩矿物,利用电气石对红外线的反射原理,使人加温流汗,对改善人体健康、美容、减肥有一定效果。麦饭石的主要化学成分是无机的硅铝酸盐,有助于维护人体的微量元素平衡,有一定的保健作用。

1. 品牌

目前汽车坐垫与座套的品牌主要有:虎贝尔、百佳盛、牧宝、法利安、阿饰魅、申杰、冰峰、爱图腾、爱车屋、迪士尼、卡客、佐格、安程、欧迪尔、欧玛奴、铁臂阿童木、佰纯、铭天、沃泰、雨辉、佩罗、欧宝丽、邦博、卡耐、米菲、佰莱克斯、大草原、炭拇指、Hello Kitty、GiGi、京韦、兴吉兴、车之秀品、风梧桐、德登、肖邦、摩丝摩丝、优车仕、牛牛工艺、卡饰社、Napolex、臻品、齐峰、马迪奥、雷遒、乐路、俊达、泰乐、汽彩人生、羊天使、雪锐、思卡华、馥卡、可可琪、赛辉、3M、Fido Dido、瑞步、EXspider、悦卡、小仙女、畅帆、露益、索夫维、YooCar、快美特、托比、欧凯路、闵辉、淇淇、typerR、Seiwa、Totoca、葛莱、斯迪姆、华禧、Type-S等。

2. 材质

汽车坐垫与座套比较常见的材质有:亚麻、冰丝、维卡、天蚕丝、皮革、竹纤维、竹炭以及合成纤维等,每种材质有不同的功效和质感。

1) 亚麻

亚麻纤维是一种纯天然植物,总量稀少,在棉、毛、麻这类天然纤维中,只占1%左右。亚麻纤维具有透气性好、吸湿、易干、透气、防静电、散热性好等优点,使人体的实感温度比其他纤维低3℃~4℃,有"天然空调"之美誉(图2-1)。亚麻纤维有抵制细菌生长和抗虫蛀的作用,因此在潮湿、闷热的环境下使用亚麻制品有护肤保健作用。因其天然稀少,亚麻纤维被称为纤维皇后。使用亚麻制品在许多国家是身份的象征。

如何辨别亚麻坐垫的真假呢?优质的汽车亚麻坐垫挺括大方、纹路清晰、自然厚实、耐拉力强、表面光泽自然柔和。亚麻的弹性很小,强度比棉线好,手感比棉线要硬。因为亚麻比棉重,所以汽车坐垫中亚麻含量越高,感觉越重。麻纤维烧完有纸的味道且灰烬是白色的,如果烧完有刺激性气味则是化学纤维。

亚麻坐垫洗涤的时候一定要掌握好水温,防止起皱。亚麻坐垫可以用洗衣机来洗,但一定要用凉水,选用中性的洗涤剂,而不能用衣领净等高效的洗涤剂。另外,亚麻是植物纤维,对酸很敏感,很容易烧坏,所以不要让其接触到酸性的物质。不能用洗衣机脱水,阴干至八成时,进行高温熨烫,这样会更加平整光滑。若是手洗,不要用力拧。

2) 冰丝

冰丝,又称粘胶长丝,是以棉短绒及木材作为原料优化处理得来的。在几种主流纤维中,冰丝的含湿率最符合人体皮肤的生理要求,具有光滑凉爽、透气、防霉、防虫、抗静电和色彩绚丽等特点。冰丝具有棉的本质、丝的品质(图2-2)。

图 2-1 亚麻汽车坐垫

图 2-2 冰丝汽车坐垫

如何选择优质的冰丝坐垫呢？①冰丝的材质可以通过观察其光泽来判断,应该选择明亮、光泽感强的冰丝坐垫。好的材质不仅乘坐舒适,还不会污染车内环境。②检查外观,优质的冰丝坐垫采用粗冰丝密集编制,粗冰丝使得坐垫表面和人体皮肤之间有足够的空隙,让皮肤的热气更易散发,在外观上挺括饱满、紧密厚实、层次分明,摸上去手感光滑凉爽。③检查做工,优质的冰丝坐垫应该做工优良,没有多余的线头。

市场上的一些坐垫是冰丝和棉线混杂编制的。下面是冰丝汽车坐垫与冰丝和棉质混纺坐垫的鉴别方法。

手感:冰丝坐垫摸上去比较细腻光滑,棉线仅仅是有柔软的感觉。

光泽:冰丝的光泽性好于棉线坐垫。

硬度:冰丝的硬度强于棉线,当然强度也好于棉线。

重量:冰丝比棉线较重。

燃烧,冰丝燃烧后是无味的,最终变成白灰,棉线燃烧后变成黑灰。

清洗冰丝坐垫注意事项:第一,水洗时水温应控制在40℃以下,不得接触高温以及强去污洗涤剂,不可暴晒,可放置在洗衣袋中用洗衣机洗涤和脱水;第二,不可漂白和使劲拧干,可从水中直接提出来自然晾干。

若因为包装及长期折叠造成冰丝坐垫表面折皱,展开抖几下即会恢复原有形状和弹性。

3) 维卡

维卡是高分子材料,是以棉短绒为原料,经多道工艺制成粘胶溶液,再经过纺炼、精练加工而成的再生纤维素纤维。它利用纤维表面的微细空洞表层将湿气及汗水瞬间向外排出,使人觉得清爽和凉快,是一种具有吸湿、透气、快速排干的功能性纤维。它的耐用性超过大多数的天然纤维及其人造纤维,由它织成的汽车坐垫具有柔软的手感,良好的布面光洁度、良好的悬垂性、吸湿透气性和较高的强力等优良特性。与冰丝坐垫相比,维卡坐垫具有不退色,不变形,不粉化等优势,色泽和手感更好(图2-3)。

图2-3　维卡汽车坐垫

4）天蚕丝

天蚕又称为"日本柞蚕"、"山蚕",是一种生活在天然柞林中吐丝作茧的昆虫,以卵越冬。天蚕丝为天然的绿色或黄绿色蚕丝,具有闪烁光泽,手感柔软,茧丝无雷结,丝质独特优美,无需染色而能织成艳丽华贵的丝织物。天蚕丝经济价值极高,被誉为蚕丝中的"绿色宝石",价格一般比桑蚕丝高出30倍,比柞蚕丝高50倍。天蚕丝纤度比桑蚕丝稍粗,与柞蚕丝差不多,由于产量极低,通常仅于桑蚕丝织品中加入部分,作为点缀(图2-4)。

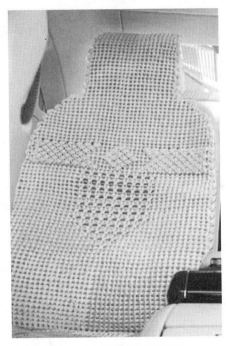

图2-4　天蚕丝汽车坐垫

天蚕丝坐垫可谓坐垫中的极品,蚕丝的细微纤维聚集状态疏松、单丝纤度小,其织物柔软、飘逸且滑爽,舒适性好。此外天蚕丝由18种氨基酸组成,对人体皮肤有一定的保健作用。由天蚕丝制成的坐垫天然、环保,冰爽透气,但是价格较高。常温下使用天蚕丝坐垫,人体的实感温度下降3℃~4℃。

5）皮革

皮革坐垫与座套种类繁多,品质参差不齐且差别很大。首先皮革分为天然皮革(真皮)、再生皮革、人造革(PU/PVC)。汽车坐垫与座套上的真皮通常是指牛皮。

牛皮按取材位置,牛皮分为头层皮和二层皮。头层皮是指带有粒面(真皮层)的牛皮,皮面有自然特殊的纹路效果,进口皮可能还有烙印。二层皮没有真皮层,是纤维组织(网状层),经化学材料喷涂或覆上PVC、PU薄膜加工而成。因此,区分头层皮和二层皮的有效方法是观察皮的纵切面纤维密度。头层皮由又密又薄的真皮层及与其紧密连在一起的稍疏松的网状层共同组成,具有良好的强度、弹性和工艺可塑性等特点。二层皮则只有疏松的纤维组织层(网状层),保持着一定的自然弹性和工艺可塑性,但强度稍差。

牛皮按牛的种类分为水牛皮和黄牛皮。头层黄牛皮的特点是毛孔很小,看起来像圆形,分布非常的均匀和紧密,毛孔向里面伸,粒纹细小平整,手摸上去既坚实又有弹性。水牛皮的皮面毛孔比较大,非常的不平,显得比较粗糙,粒面凹凸感强(图 2-5)。

图 2-5　黄牛皮汽车坐垫

　　牛皮具有温凉、透气、防菌等特点。头层皮在手感、弹力和透气性上都优于二层皮。优质牛皮坐垫与座套透气散热、色泽生动、自然,皮质具有韧性、手感细腻柔滑、天然无瑕疵的优点。牛皮,尤其是头层皮坐垫与座套的价格较高。如果不小心弄脏了牛皮坐垫,只需用干净湿毛巾轻轻擦拭即可。日常保养应注意保持通风干燥,切勿在阳光下曝晒。

　　再生皮,是将各种动物的废皮及真皮下脚料粉碎后,调配化工原料加工制作而成。其特点是皮身较厚、强度较差、价格便宜,其纵切面纤维组织均匀一致,可辨认出流质物混合纤维的凝固效果。

　　人造革是 PVC 和 PU 等人造材料的总称。它是在纺织布基或无纺布基上,由各种不同配方的 PVC 和 PU 等发泡或覆膜加工制作而成,具有花色品种繁多、防水性能佳和价格相对真皮便宜的特点。但绝大部分人造革的手感和弹性无法达到真皮的效果。

　　6) 其他材质

　　汽车坐垫与座套的材质还有许多其他种类,包括竹纤维、竹炭、合成纤维等。

　　竹纤维坐垫具有自动调节及保持温度、夏天通风凉爽的特性。竹纤维坐垫竹纹清晰、板面美观、色泽自然、竹香怡人,质感高雅气派。而且竹材本身具有吸音、隔音、降低音压、缩短残音时间的功能。竹纤维坐垫的缺点是不透气,在不开空调时越坐越热,还容易损坏真皮座椅。

竹炭坐垫是经过高温干馏而得到的竹炭颗粒填充到坐垫里面,竹炭坐垫能吸附甲醛、一氧化碳、二氧化碳等有害气体,净化空气,改善汽车车厢环境,并且对人体也有一定的保健养生作用(图2-6)。

图2-6　竹炭汽车坐垫

合成纤维是将人工合成的、具有适宜分子量并具有可溶(或可熔)性的线型聚合物,经纺丝成形和后处理而制得的化学纤维。通常将这类具有成纤性能的聚合物称为成纤聚合物。与天然纤维和人造纤维相比,合成纤维的原料是由人工合成方法制得的,生产不受自然条件的限制。合成纤维除了具有化学纤维的一般优越性能,如强度高、质轻、易洗快干、弹性好、不怕霉蛀等外,不同品种的合成纤维各具有某些独特性能。

草编坐垫的特点是价格实惠、凉快、图案精美明快。

玉石坐垫是由玉石方片和天然冰丝线手工编织而成的,高贵典雅,优点是具有醒目提神和部分保健功能,缺点是冷的时候冰冷,热的时候会很烫。如果汽车长时间在烈日下停放,这种坐垫会变得滚烫;而长时间开空调之后,这种坐垫又会变得非常冰冷。

3. 设计与做工

从产品的设计风格上,可以看出生产厂家在产品研发上所投入的精力与人力。优秀的设计作品会从整体造型、色调到图案都给人舒适、典雅、时尚与高贵的感觉。

优质的汽车坐垫或座套,在做工方面要求编工紧凑、板面平整、没有多余线头,清洗后不会有变形或松线散边。

优质的汽车坐垫或座套对于铺料材质要求也比较高,不仅要求手感柔软、有糯性、悬垂性好、质地厚实,而且要求对座椅能起到一定的保护作用。而较差的坐垫或座套,采用的一般是比较劣质的材料,有些没用多久就会出现破裂、掉色等一系列的问题,这样不仅会伤害汽车的真皮座椅,而且会危害到乘客的身体健康。

4. 部分汽车功能坐垫介绍

汽车功能坐垫是指具有一些特殊功能的汽车坐垫(图2-7),按功能区分有以下几种。

（1）具有加热功能,适用于寒冷季节的加热坐垫。加热坐垫按工作原理的不同有以下几种类型:

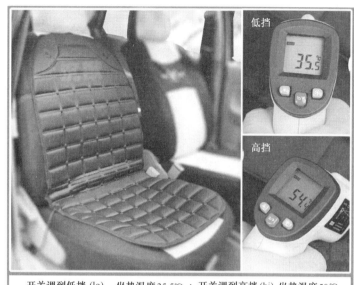

开关调到低挡 (lo)，坐垫温度35.5℃；开关调到高挡(hi) 坐垫温度50℃。

图 2-7　汽车功能坐垫

① 电子调控器调温加热坐垫:采用电热毯加热原理,用电子调控器调温。工作温度范围在 35℃~65℃ 之间,功率最高可达 200W。具有升温快、温度可调、自动恒温及负载漏电保护及超温保护等特点。

② 碳纤维加热坐垫:碳纤维材料电性能好,电阻较大,当电流通过时就会导致分子之间产生强烈的摩擦运动而发热。具有受热均匀、单根纤维受损不会影响整体加热的优点。

③ 远红外线加热坐垫:通电后释放远红外线对外加热。远红外线被人体吸收后,使人体分子内能增加,运动加快,人体本身温度升高,从而达到温暖舒适的感觉。

（2）夏季使用,具有降温功能的吹风凉垫。吹风凉垫可以通风透气,在臀部和背部都有冷风吹出,保持身体凉爽舒适(图 2-8)。

（3）具有按摩功能的按摩坐垫。按摩坐垫分为:

① 由硬质材料比如香樟木、红枣木、酸枣木及玉石制成的珠子串制加编结而成,利用硬质珠子与人体间的相互作用起到按摩的效果(图 2-9)。

② 振动揉捏式按摩坐垫:坐垫根据人体的弧线形状设计,能更好地支撑人体腰部和背部。坐垫的按摩模块由大小不一的按摩头组成。电机驱动按摩头动作,对人体的颈部、背部、腰部及臀部形成揉捏、指压、推拿和叩击的按摩效果(图 2-10)。

2.1.2　汽车脚垫/地胶

汽车脚垫,也称地胶,通常具有吸水、吸尘、去污、隔音和保护汽车地板五大主要功能,同时起到美观的作用。清洗汽车脚垫比清洗汽车内饰方便,有利于保持车内的洁净。

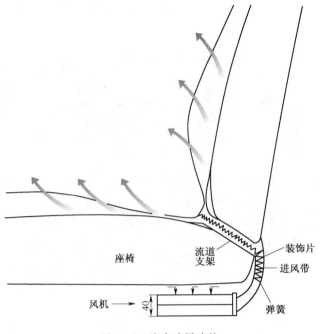

图 2-8　汽车吹风凉垫

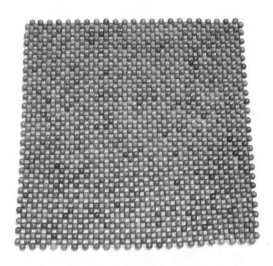

图 2-9　硬质材料汽车坐垫

　　脚垫的质地和图案会直接影响车内的乘坐舒适度和美观度。厚实的底材可以隔除底盘噪声和轮胎噪声,提高驾驶舒适性。绒面类汽车脚垫还可以将剩余的噪声和车内音响回音等彻底吸附干净,使车内始终保持安静的环境。

　　汽车脚垫按功能分为专车专用型脚垫和通用型脚垫,按形状分为平面脚垫和立体脚垫,按工艺分为手工脚垫、机器编织脚垫和机器注塑脚垫。

　　1. 品牌

　　目前汽车脚垫的品牌主要有:御马、宾爵、大马路、法利安、思卡华、路路通、绿禾、瑞步、

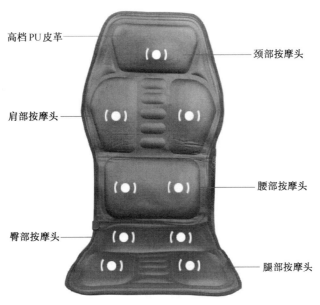

高档PU皮革　　　　　　　　　颈部按摩头

肩部按摩头　　　　　　　　　　

腰部按摩头

臀部按摩头　　　　　　　　　　

腿部按摩头

图 2-10　振动揉捏式按摩汽车坐垫

嘉骐、YUSEN、富程、歌诗达、虎贝尔、欧宝丽、佐格、美耐、三尾狐、莱斯顿、朗森、红粉世家、卡路安、车盟海饰、亿高、卡巴、车宗友、爱图腾、茂源、赛辉、车当家、蓝牧、罗门、威卡饰、贝贝卡、瑞嘉、马迪奥等。

2. 材质

汽车脚垫的材质非常重要,不易磨损、易于清理的脚垫最为理想。汽车脚垫比较常见的材质有:PVC、VSQ、橡胶、TPE、皮革、亚麻、呢绒和纯羊毛等。

PVC 脚垫(或称塑料脚垫):有些称为乳胶脚垫或者硅胶脚垫的其实都属于 PVC 脚垫。PVC 脚垫的优点是隔水、隔尘、容易清洗以及可选的颜色图案比较多。缺点是不耐脏,对灰尘及脏污的吸附容纳性能较差,摩擦系数低易于滑动,部分劣质脚垫在冬天会变硬、有异味(图 2-11)。

图 2-11　PVC 脚垫

喷丝脚垫(丝圈脚垫)也是 PVC 材质,吸尘、吸水、耐脏、容易清理,价格比普通 PVC 脚垫略高(图 2-12)。

图 2-12　喷丝脚垫

VSQ 脚垫是采用 XPE(化学交联聚乙烯发泡材料)作为基材,正面用 TPR 淋膜压花纹,背面贴合布革制作而成,具有柔软舒适、隔热绝缘、环保无毒、无异味、吸收噪声、防水防潮防渗透、易于清洗、耐腐蚀、耐磨损、抗冲击、经久耐用的优点。VSQ 专车专用脚垫还有防滑不易走位的特点。VSQ 脚垫价格较高(图 2-13)。

驾驶室　　　　　　　　　　　　　　　　　　副驾驶室

后排脚垫左　　　　　　　　　　　　　　　　后排脚垫右

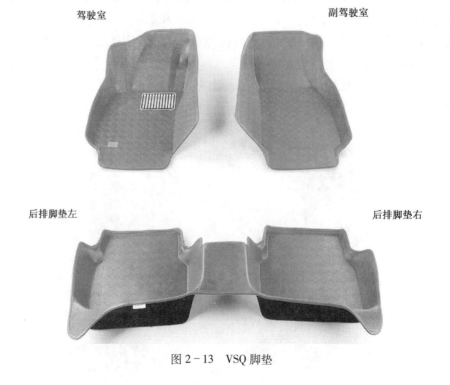

图 2-13　VSQ 脚垫

　　橡胶脚垫:优点是吸尘和隔水隔音的效果比较好,在温度变化比较大的情况下不容易变形,冬夏使用都适宜。此外,跟塑料脚垫一样,橡胶脚垫清洗方便。橡胶脚垫的缺点是味道较重(图 2-14)。

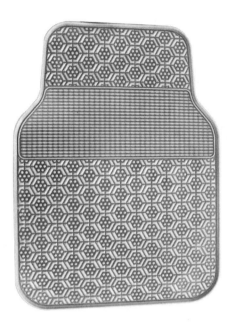

图 2-14　橡胶脚垫

　　TPE 脚垫:TPE 汽车脚垫综合了 PVC 脚垫和橡胶脚垫的优点,无毒无味,弹性防滑,防静电,不受温度影响,容易清洗。TPE 材质弹性好,踏感合适,驾乘舒适性好。由于 TPE 的超强韧性,脚垫不会有折痕,不用压边技术防止往内卷边,能够与车壁无缝贴合,使车内空间统一完整。TPE 极其耐磨损并抗撕裂,因此经久耐用,使用寿命是 PVC 等材质脚垫的 5~10 倍(图 2-15)。

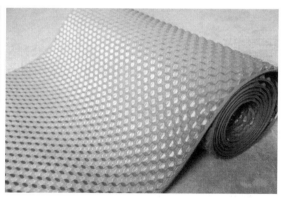

图 2-15　TPE 脚垫

　　皮革脚垫:清洗方便,但不吸水不吸尘,隔音效果不好,真皮脚垫价格较贵(图 2-16)。
　　亚麻脚垫:市场上的亚麻脚垫在严格意义上都是采用的仿亚麻化纤材料,是最常见的

图 2－16 皮革脚垫

汽车脚垫,耐脏性好,易洗易干。通常在脚垫背面覆胶,可防水,胶面上有凸粒用于防滑。亚麻脚垫的优点是价格便宜;缺点是摸上去比较软,清洗后容易起毛,而且清洗几次之后会变形,导致脚踩后表面深陷,影响驾乘舒适性,为避免滑动建议经常更换(图 2－17)。

图 2－17 亚麻脚垫

呢绒脚垫:大部分是 PP、PA 材质,是唯一符合车厂选用零部件标准的材质。呢绒脚垫具有以下优点:能够吸走鞋底的水分和脏污,消除鞋底与油门、制动器踏板间的打滑;能够吸附空气中的灰尘,避免灰尘在车内飞扬;背面 TPR 钉底、防滑专利底能加大与主地毯间的摩擦,有效防止脚垫滑动对制动、加速等操作的阻碍;支撑脚跟与油门长时间接触,保证驾驶平稳度;产品经过阻燃、色牢度、甲醛含量、雾化等检测,环保安全;绒面脚垫表面柔软,纤维细密隔音好,能够保护主机毯并加强主机毯吸收汽车行驶过程中的胎噪;绒面脚垫主色调与汽车主地毯和汽车内饰颜色一致,浑然一体,美观大方(图 2－18)。

纯羊毛脚垫:纯羊毛脚垫一般采用手工工艺,产品特点是色泽鲜艳、层次分明、毯面光泽平滑,各式图案经过清洗剪花等工艺后会产生浮雕一般的艺术效果。纯羊毛汽车脚垫坚韧耐磨、质地柔软,长时间使用清洗多次后也不会给人以陈旧感(图 2－19)。

3. 设计与做工

汽车脚垫在设计中主要考虑贴合、材料选择和美观大方。

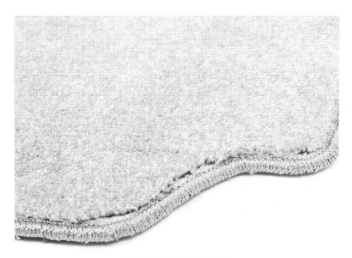

图 2-18　呢绒脚垫

图 2-19　纯羊毛脚垫

　　脚垫与汽车地板是否贴合关系到行车安全和舒适性两个方面。脚垫过大或者过小，都会造成踩踏制动踏板或者油门踏板过程中的移位，带来交通隐患。专车专用脚垫能够与底盘型腔紧密贴合。造成汽车脚垫滑动的原因除了脚垫大小不合适之外，另一个原因是脚垫平底易于滑动。滑动带来的脚垫错位降低了汽车的驾乘舒适性。因此，高品质的脚垫在设计中充分考虑这些因素，让脚垫与汽车地板既在大小尺寸方面吻合，又有如卡扣或者防滑条这样的防滑措施。主机毯 PE 保护膜是用来保护主机毯不受损坏和污染的，在安装汽车脚垫前，必须去除此 PE 膜，以保证脚垫 TPR 钉底与主机毯相接触摩擦，达到防滑功能。

　　与平面普通脚垫相比，3D 脚垫由于采用了立体设计，可以更有效的防水防尘以及便于固定。3D 脚垫分为低边和高边两种，低边 3D 脚垫的包边高度一般在 2~4cm，可以实现防滑防尘和防水的作用；而高边 3D 脚垫包边的高度达到 10~15cm，除了防滑防尘外，基本可以取代地胶了（图 2-20）。

图 2 - 20　3D 脚垫

　　汽车脚垫的厚度一般有 2mm、5mm、7mm、1cm、2cm 乃至更厚,虽然脚垫越厚越耐用、越厚越贵,但并不是越厚越好,关键是脚垫要适合汽车本身。汽车脚垫太厚会影响到离合、刹车和油门踏板的动作,因此选择脚垫时一定要试一试,看是否阻碍踏板踩踏。

　　汽车上使用的所有材料都应该是无毒无害的,脚垫也不例外。脚垫的环保型要求脚垫在制作过程中不添加任何有害人体的化学物质,在高低温下不会散发异味,使用后不会对环境造成伤害,还能够循环利用。汽车脚垫的材料须具备防水防潮、耐用抗冲、绝缘阻燃等特点。尤其需要强调的是,汽车脚垫材料必须是阻燃的,以免不小心掉落的烟头引发火灾。

　　汽车脚垫的美观主要在于材料的质感以及色彩的协调方面。新兴的激光雕刻技术可以在脚垫上雕琢任何图案,满足不同个体个性化的审美需求。

　　做工是否精细是衡量汽车脚垫优劣的另一个重要指标。

2.1.3　头枕/抱枕/靠枕

　　汽车头枕除了为乘员增添舒适感外,最主要的功能在于保护颈部。长时间乘坐汽车时,驾乘人员常常会感到颈部劳累酸痛,这是由于颈部椎骨得不到有效的支撑,压力过大造成的。欧洲 NCAP 汽车碰撞测试结果显示,许多汽车座椅因为无法很好地保护驾乘人员颈椎安全而存在安全隐患。因此,辅助性汽车头枕成为许多车主的选择(图 2 - 21)。

　　但并非随意一个汽车头枕都能保护颈椎健康和安全,高品质的汽车头枕需要具备以下几个条件:良好的材质,保证头枕有上佳的柔软度和透气性,有效缓解驾驶过程中的颈椎疲劳;充分考虑颈椎的生理曲度,能有效托扶颈椎,减少颈椎压力;能有效缓冲追尾事故中颈椎受到的冲击力和压力,避免颈椎受伤。

　　新型电动按摩头枕有助于解除长途驾乘疲劳。它是在外套内填充柔软弹性体,柔软弹性体内设置有振动装置。振动装置或者由电池驱动,或者通过导线与汽车电源相连(图 2 - 22)。

　　汽车抱枕能让汽车给人温馨的感受。在自己的爱车中摆上自己喜欢的抱枕,既能在行

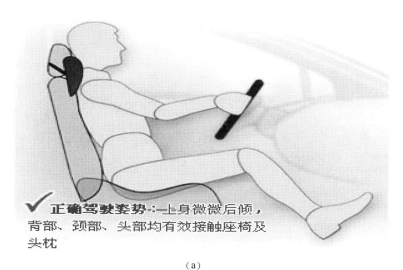

（a）

（b）

图 2-21　汽车头枕

图 2-22　电动按摩头枕

车途中享受家的感觉,也让爱车有了灵动感。汽车抱枕与其他小饰物一样成为装饰汽车的重要元素。汽车抱枕通常比家居抱枕小。抱枕除了色彩图案的视觉感受,面料的触感也很重要(图 2-23)。

图 2-23 汽车抱枕

汽车靠枕既是一种汽车装饰品,也是一种汽车健康用品。腰部靠枕可以有效舒缓长时间开车带来的腰部劳累和疲倦,对腰椎疼痛有着很好的缓解作用(图 2-24)。

人在坐着时,腰椎间盘承受躯干重量的三倍的压力。在开车过程中,如果长时间保持一个坐姿,腰椎间盘所受的压力会逐渐累积,导致腰部血液流通不畅,乳酸增多,出现腰部酸胀的感觉。长期如此不加防护,就会造成腰肌劳损和腰椎疾病的产生。汽车腰部靠枕贴合人体腰部,给予人体良好的支撑,能有效缓解长时间开车带来的腰部劳累和疲倦,带给人们一个轻松、舒适的行车氛围。

图 2-24 汽车靠枕

1. 品牌

目前汽车头枕/抱枕/靠枕的品牌主要有:GIGI、爱车屋、卡耐、QiQi、摩丝摩丝、YooCar、铁臂阿童木、恋天使、Hello Kitty、卡客、爱图腾、乐路、Napolex、汉妮威、安程、炭拇指、葛莱、快美特、威卡司、邦博、冰峰、阿饰魅、Jin Bang、3M、Disney、小仙女、百维熊、AUTOBAN、TYPER、圣美绮、EXspider、Seiwa、typerR、可可琪、卡饰社、卡努奇、雷遁、虎贝尔、兴吉兴、Fido Dido、齐峰等。

2. 材质

汽车头枕/抱枕/靠枕的材质分面料与填充物两部分。

填充物有高弹棉、记忆棉、PU、涤纶（PP 棉）等。

高弹棉：特点是密度高，回弹力和回弹硬度好，承压力强。普遍用于保暖服装及家居用品的填充材料，既舒适保暖，又不易变形。

记忆棉：一种聚氨酯高分子聚合物，很柔软，并有很强的吸收冲击能力。这种材料在受到外力压迫时会贴合施压物的接触面轮廓，从而将压力均匀分散至整个接触面，而当压力消除时会慢慢恢复到原来的形状，具有特殊的黏弹特性。

PU：是 Polyurethane 的缩写，中文名为聚氨基甲酸酯，简称聚氨酯。PU 大量替代玻璃纤维保温材料、木材以及传统橡胶制品等，被广泛运用于保温、发泡填充剂、隔音密封、体育用品器材、汽车用品等领域。

PP 棉：俗称公仔棉、中空棉，也称填充棉，材质为涤纶短纤，主要有普纤和中空两种，该产品具有回弹性好、手感爽滑、价格较低、保暖性好，广泛应用于玩具填充、服装、床上用品和喷胶棉行业。

面料主要有全棉、麻布、毛绒、冰麻、冰丝、皮革、PU 皮等。

全棉：是各类棉纺织品的总称，按纺织技术的不同，有许多种类。它的优点是保暖、柔和、贴身、吸湿、透气。缺点是易缩、易皱，外观上不够挺括美观。

麻布：是以大麻、亚麻、苎麻、黄麻、剑麻、蕉麻等各种麻类植物纤维制成的一种布料，一般被用来制作休闲装、工作装和夏装。它的优点是强度极高、吸湿、导热、透气性甚佳。许多商家统称其为亚麻布。

毛绒：是各类羊毛、羊绒织成的织物的泛称，通常用于制作礼服、西装、大衣等高档服装。它的优点是防皱耐磨、手感柔软、高雅挺括、富有弹性、保暖性强。缺点是洗涤较为困难。

冰麻：是一种由 70%粘胶长丝和 30%锦纶丝采用交并加捻而成的针织服饰用的面料，具有内部疏水外部亲水的特性，织成的服饰穿着凉爽，故称"冰麻"。其主要优点主要有：吸湿性强，贴身舒适无刺痒感；具有一定的坚牢度和弹性，加工后织物里外平整；色泽鲜艳自然；抗皱性良好，洗涤后在干燥时不产生折痕。

PU 皮：也称超纤皮，具有优异的耐磨、耐寒、耐老化性能，外观漂亮。PU 皮广泛应用于箱包、服装、鞋、汽车坐垫、汽车脚垫和家具等领域。

2.1.4　方向盘套

为汽车装一个方向盘套，归纳起来有以下几方面的作用：可以使方向盘免受磨损；增加驾驶员握持方向盘时的手感和摩擦力；防止因为手出汗而出现转动方向盘时打滑现象，从而增强行车时的反应灵敏度和安全性；减少并吸收方向盘的震动（图 2-25）。

方向盘套对于汽车而言具有很强的装饰性，能够让汽车显得时尚而个性。

1. 分类

按照安装方法，汽车方向盘套可以分为两大类：手缝方向盘套和免缝方向盘套。

按照外形，汽车方向盘套可以分为三个大类：可爱型、成熟型和运动型。

1）可爱型

即设计新颖，融合鲜艳色彩和奇特形状等新奇元素的方向盘套，比如卡通套和绒毛套

图 2 - 25　方向盘套

等(图 2 - 26)。

图 2 - 26　可爱型方向盘套

2) 成熟型

主要体现在材质和色泽上。材质一般以丝绒和皮革为主,色泽则以单一深色调为主(图 2 - 27)。

图 2 - 27　成熟型方向盘套

3) 运动型

运动型方向盘套的特点在于鲜明的色彩,以及色块与色块的强烈对比,突出展现运动的激情。在方向盘套上往往还有一些突起物,用来防滑(图 2 - 28)。

图 2 - 28　运动型方向盘套

按照适用季节,汽车方向盘套分为:冬季、夏季、春秋和四季通用。

2. 品牌

目前汽车方向盘套常见的品牌有:雪锐、YooCar、法利安、徽太郎、虎贝尔、Hello Kitty、威卡司、摩丝摩丝、Napolex、TYPER、铁臂阿童木、馥卡、安程、百维熊、爱车屋、Disney、佐格、GIGI、俊达、冰峰、华禧、阿饰魅、大草原、齐峰、马迪奥、3M、AUTOBAN、葛莱、卡耐、欧宝丽、快美特、EXspider、卡客、卡饰社、兴吉兴等。

3. 材质

汽车方向盘套的材质分为内胆与面料两部分。

内胆通常为橡胶或塑胶材料。优质的橡胶或塑胶材料没有异味,拥有良好的强度和韧性。而一些采用再生塑胶做内胆的方向盘套会有很强烈刺鼻的异味,对驾乘人员的健康不利。

方向盘套的常用的面料有真皮、冰丝、硅胶、人造毛绒、PU 皮和天然皮毛等。还有在此基础上进行了一些改进的材质,例如夜光皮革、防滑颗粒、短绒电绣和毛绒带小玩偶的转向盘套等。

2.1.5　排挡套/手刹套

排挡套和手刹套分别是套在汽车排挡上和手刹把上的保护套,既有防滑、防磨损以及保持挡把干净的作用,又有一定的装饰美观效果,体现汽车主人的审美情趣(图 2 - 29)。

排挡套分为自动排挡套和手动排挡套两种。因为不同车型的排挡杆及手刹杆的尺寸不同,在选择排挡套/手刹套时需考虑与车型的匹配。

1. 品牌

目前汽车排挡套/手刹套常见的品牌有:摩丝摩丝、Hello Kitty、维尼熊、TYPER、高露飞、Disney、爱车屋、铁臂阿童木、卡拉沃、百维熊、GIGI、流氓兔、加菲猫、啄木鸟、QiQi、八发、兴吉兴、可可琪等。

图 2 - 29　排挡套

2. 材质

汽车排挡套及手刹套的材质主要有:真皮、PU 皮、天然纤维(棉麻)、PVC、硅胶、合成纤维、人造毛绒和天然皮毛等。

2.1.6　汽车挂件/摆件

汽车挂件和摆件是汽车内部装饰的重要部分,各种汽车挂件和摆件使得车主能够将汽车装扮得各式各样、风格迥异,与车内装饰协调搭配后营造出体现车主个性与审美、或时尚、或舒适、或温馨、或安全的驾乘氛围,寄托车主的期待与祝福。

1. 汽车挂件

按照功能,汽车挂件可以分为保平安、求福、招财、香水和纯装饰等种类。

汽车挂件的材质有:金属、陶瓷、水晶、琉璃、檀香木、枣木、桃木、翡翠、玛瑙、树脂和毛绒等。

汽车挂件通常小巧精致,挂在车前中间部位,能在行车或有风吹动时轻微晃动,有些能发出轻微悦耳的声音,既可以增加美感,又能消除行车疲劳。汽车挂件要长短合适,不可遮挡驾驶视线以免影响行车安全,在通过颠簸路面时挂件不得撞击到前风挡玻璃。

按照形状,汽车挂件可以分为圆型、心型、方型、大脚板、苹果、鱼型、佛型、卡通、汽车LOGO、五角幸运星、圆猪、梅花、加菲猫、葫芦、铃铛等类型(图 2 - 30)。

汽车挂件常见的品牌有:莫华洛德、卡美斯、圣法兰、仙人掌、卡努奇、古缇、爱车车品、汽车香吧、安程、虎贝尔、卡尼轩、WRC、Disney、兴吉兴、晶狐、翰林轩、通得利等。

2. 汽车摆件

按照功能,汽车摆件可以分为保平安、求福、招财、香水座和纯装饰等种类。

汽车摆件的材质有:金属、陶瓷、水晶、琉璃、檀香木、枣木、桃木、翡翠、玛瑙、树脂和毛绒等。

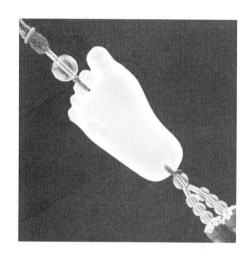

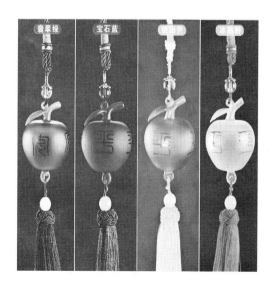

图 2-30　汽车挂件

　　汽车摆件放在车中,对于车内整体美感往往起到画龙点睛的作用,也能恰当展示车主的趣味喜好。有些汽车摆件装有太阳能电池板,可以作出摇摆之类的动作,十分可爱。汽车摆件摆放位置要合适,不可放在安全气囊盖板上,以免发生严重碰撞事故时影响安全气囊动作并带来额外伤害。

　　按照形状,汽车摆件可以分为太阳花型、苹果型、圆型、卡通动物型、公仔型、车型、方型、佛型、转经筒型等(图 2-31)。

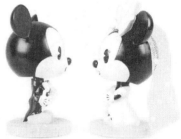

图 2-31　汽车摆件

　　汽车摆件常见的品牌有：卡美斯、摩丝摩丝、汽车香吧、Disney、古缇、爱车车品、卡尼轩、圣法兰、莫华洛德、卡努奇、安程、晶狐、多美、卓卡、HUIDUO、WRC、typerR 等。

2.1.7　后备箱垫

　　汽车后备箱垫又称为汽车尾箱垫，是指放在汽车后备箱底部的垫子。汽车后备箱就是车子的杂物储藏室,是用于存放物品的地方,容易被泥、沙、水、油污等弄脏。汽车后备箱垫可以有效地保护汽车后备箱,防止赃污或者液体进入后备箱侵蚀后备箱表面,还能防止后备箱内物品滑动,降低内饰被污染和损坏的几率。后备箱垫清洗方便,便于保持汽车后备箱清洁、卫生、美观的使用环境。

厚实的后备箱垫可以隔除来自底盘和轮胎的噪声,吸附风噪声及音响回声,提高驾驶舒适性。

因此,汽车后备箱垫是集吸水、吸尘、隔污、隔声、保护后箱地毯五大主要功能为一体的一种环保汽车内饰零部件。

1. 分类

按功能,汽车后备箱垫分为通用型后备箱垫(图2-32)和专用型后备箱垫(图2-33)。

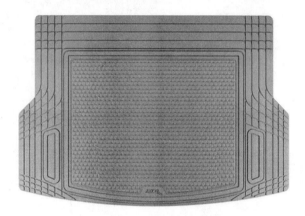

图2-32 通用型后备箱垫

图2-33 专用型后备箱垫

通用型后备箱垫通常需要在买回来后按照自己车型的实际后备箱形状进行裁剪。专用型后备箱垫则完全按照具体车款的后备箱设计制造,不同款式的汽车有不同的专用后备箱垫。专用型后备箱垫的优点是与后备箱贴合度高,不需要二次加工,不会滑移错位。

按形状,汽车后备箱垫分为平面后备箱垫和立体后备箱垫。

按工艺,汽车后备箱垫分为手工后备箱垫(图2-34)和机器加工后备箱垫(图2-35)。

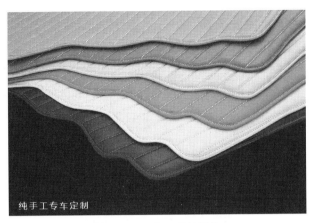

图 2 - 34　手工后备箱垫

图 2 - 35　机器加工后备箱垫

2. 材质

汽车后备箱垫主要用 PVC、橡胶、皮革、丝圈等材料制作,也有少数的使用化纤、亚麻、呢绒等。

3. 品牌

汽车后备箱垫常见的品牌有:美耐、宾爵、路路通、大马路、三尾狐、福卡、瑞步、YUSEN、虎贝尔、Aolong、3B、无限、法利安、特鑫瑞等。

2.1.8　遮阳挡/避光垫

1. 遮阳挡

夏日炎炎,阳光直射车内会导致车内温度急剧升高,同时加快车内物品及配件的老化。遮阳挡属于汽车内饰中的功能性用品,主要起到遮蔽阳光从而保护车内人员物品免受烈日暴晒的作用,在夏天能够有效降低车内温度(图 2 - 36)。

1)分类

汽车遮阳挡按照遮挡位置分为前挡、侧挡和后挡,按照安装形式分为吸盘式、卡嵌式、

图 2-36　汽车遮阳挡

静电吸附式和伸缩式(图 2-37)。

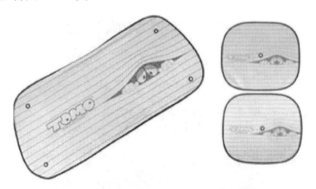

图 2-37　吸盘式汽车遮阳挡

2) 材质与图案

汽车遮阳挡的材质主要有铝箔、网纱、PVC 等,图案有纯色、卡通、格子、条纹、汽车 LOGO 等种类。

3) 品牌

汽车遮阳挡常见的品牌有:佳百丽、铭致、Napolex、皇轩、摩丝摩丝、虎贝尔、铁臂阿童木、威卡司、卡饰社等。

2. 避光垫

汽车在阳光下行驶时,阳光的折射会使得挡风玻璃上出现镜面效果。仪表板影像浮现在前挡风玻璃上,部分遮掩前方视线,带来一定程度的行车危险。此外,当汽车长期放置在夏日阳光下时,车内温度能够高达 50℃,仪表板会因为紫外线的长期照射而褪色甚至硬化龟裂(图 2-38)。

1) 避光垫的作用

避光垫覆盖在汽车仪表板上方,可以起到以下保护作用:

(1) 防止阳光折射,增加前挡风玻璃透光明亮度。

(2) 防止车外及仪表板影像映入前挡风玻璃。

(3) 隔绝阳光,保护仪表板表面,降低仪表板及汽车室内的温度。

(4) 可吸收紫外线光线,避免强烈光线刺激眼睛,提高行车安全性。

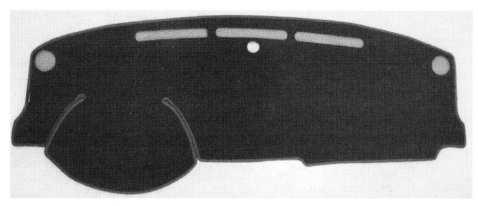

图 2-38　汽车避光垫

2）材质及加工工艺

避光垫主要采用涤纶纤维作为材料。因为涤纶的熔点高而导热率比较小,所以涤纶的耐热性能和隔热性能都比较好。涤纶还具有结实耐用、弹性好、不易变形、耐腐蚀、绝缘、挺括、易洗快干的特点,适合作为避光垫的制作材料。

为了达到良好的避光效果,避光垫表面通常为高密度针织或者具有蓬松性的绒,颜色选择深色。加工中,优质的避光垫要经过抗起球和防静电处理以确保使用中不起毛少吸灰,厚度须足以达到隔热效果。

为了保证与仪表板充分配合,不妨碍通风及安全气囊,避光垫通常是专车专用。

3）安装方法

（1）为了让卷着的避光垫更加的平整,先将避光垫反向卷一下然后打开。

（2）如果仪表台上有灰尘或者打蜡成分遗留,避光垫的粘贴扣粘贴不上。所以,须用湿抹布把遗留在仪表台上的脏物以及车蜡擦扫干净。

（3）把避光垫放在擦扫干净后的仪表台上,掌握整体的模样和安装位置,然后把翘起的部分用手左右抚平。

（4）找到避光垫的粘接扣,把粘接扣后面的纸去掉后,按照厂家说明把它贴在粘贴扣应在的位置。

（5）接着把仪表垫粘在粘贴扣上。粘贴时须注意把出风口的位置对应好。

（6）为了使粘贴好的避光垫更加稳固,用手将避光垫从中间向驾驶座和副驾驶座两边抚平。

2.1.9　防滑垫

防滑垫就是放在汽车仪表台上,用于行车途中临时放置手机、眼镜等小物件的垫子,既能防止物品因为颠簸而滑落,又能够做到随放随拿。汽车防滑垫有各种形状:长方形、正方形、圆形、椭圆形、各种卡通形状和立体盆形等（图 2-39）。

1.品牌

防滑垫常见的品牌有:皇轩、快美特、Napolex、摩丝摩丝、阿童木、尚丽、埃迪、爱图腾、卡耐、太普儿、卡努奇、汽车香吧、卡饰社、虎贝尔、圣兰斯、威卡司、YooCar、朗龙等。

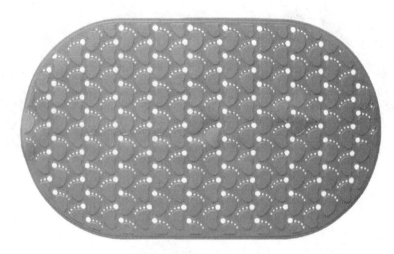

图 2-39 防滑垫

2. 材质

防滑垫可以由多种材料制作而成,比较普遍有 PVC、发泡 PVC、硅胶、乳胶和 PU 等。

1) PVC

优点:柔软又有弹性;可直接用水清洗,祛除防滑垫上的灰尘,反复使用;颜色丰富,可以印制各种图案;能做出立体造型效果;价格适中;无黏性,不反光,不腐蚀仪表台。

缺点:黏性稍弱。

2) 发泡 PVC

优点:价格便宜。

缺点:防滑性较弱,只能简单丝印,色彩单一。

3) 硅胶

优点:黏性强;高雅美观,柔软舒适,可随意放置;隔音隔热,易裁剪铺设,更换方便,易清洗;使用温度范围宽(-100℃~300℃);回弹性好,撕裂强度高,平整度好;无毒无味;透明性好;强度高;疏水性好;环保。

缺点:价格偏高。

4) 乳胶

优点:黏性适中,不易粘灰。

缺点:不太美观,颜色方面只能简单丝印。

5) PU

优点:具有超强的黏附性,比一般的防滑垫防滑效果强,能 90°侧粘手机不掉落甚至旋转 180°不掉落;耐高温,在 115℃以下不熔化,长期放置于汽车仪表台上也不侵蚀仪表台,不留任何痕迹;经久耐用,当防滑垫因附有灰尘而黏性减弱时,只须用清水清洗,晾干后即可恢复黏性,无人工损坏寿命可达 7~8 年;无臭、无污染、对人体无伤害,在阳光紫外线的直射下经久耐用不变形,不产生任何异味,环保。

缺点:颜色方面只能丝印 1~2 种颜色。

3. 选购注意事项

（1）最好选购手感柔软的，太硬的防滑垫防滑性能会大打折扣。但是也不能太软，以摸起来手上没有油油的感觉为准。

（2）不要选用添加香料的。劣质防滑垫中往往添加比较多的化学香料以掩盖材料中的异味，放在车里对人的身体不好。天然环保材料的防滑垫是没有味道的，不会产生刺鼻感，也不会变色。

（3）优质的防滑垫是依靠本身材质产生强烈的吸附力，弹性好，可以随意拉扯不会变形，做工精良，表面色彩均匀，无瑕疵，手感细腻，无黏接剂，也不会发黏。

2.1.10 脚踏板防滑垫

脚踏板防滑垫是加装在驾驶踏板上，起到增加脚与踏板之间的摩擦力、提高驾驶安全性能的作用。脚踏板防滑垫还有一定的装饰效果。

脚踏板防滑垫应该按照所配车型选用，一套中分别有两片装的（配自动挡）和三片装的（配手动挡）。脚踏板防滑垫的材料主要有不锈钢、铝合金配PVC，也有简单采用橡胶的。安装方式主要有需要钻孔通过螺丝固定和无需钻孔由卡夹固定两种（图2-40）。

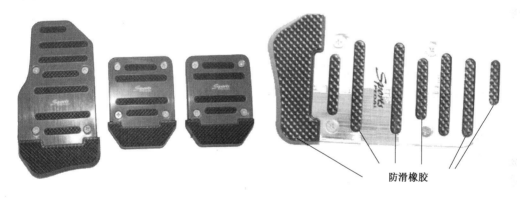

防滑橡胶

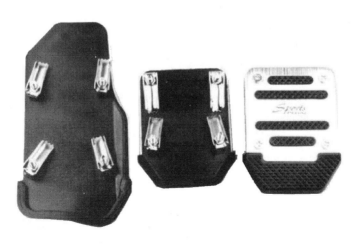

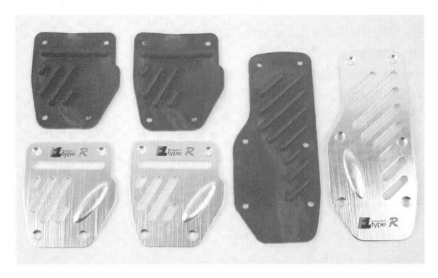

图 2-40　汽车脚踏板防滑垫

2.1.11　CD 包/碟盒

行车途中,打开 CD,听几首喜欢的歌曲,是一种享受。因此,CD 包或者碟盒就几乎是车上必备的小装备。

CD 包/碟盒主要有方形和圆形两种外形,容量以能够装的碟片数量区分,外壳的材质有真皮、PU 皮、尼龙、绸缎、布面、金属以及塑胶等(图 2-41)。

图 2-41　CD 包

2.1.12　置物箱

汽车置物箱,也称为汽车整理箱或者汽车收纳箱,用于收纳零碎小物品放置于汽车后备箱中,使得后备箱整洁有序,也便于车主找寻以及取放相关物品(图 2-42)。

有的置物箱可以折叠,在不用的时候折叠收藏,减小占用空间。有的置物箱配有旅行拉杆和滚轮,方便搬运。

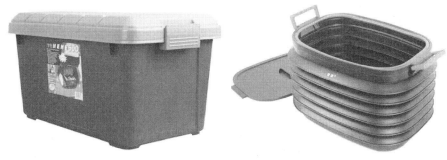

图 2-42　置物箱

汽车置物箱的材质主要有 PVC 塑料、布质和皮质。采用布质和皮质材料的往往称为收纳箱,可以折叠(图 2-43)。

图 2-43　布质或皮质收纳箱

2.1.13　香水

汽车香水通常选用精美的水晶香水座装放,在汽车里面既能用来去除汽车内的异味,又能起到美观装饰的作用。汽车香水一般是由调香师对天然以及合成香料经过筛选,按照一定的比例勾兑而成。有的从天然香物中提取的香料,还具有杀菌除异味的作用。

市场上常用的汽车香水主要有气雾型、液体型和固体型三种。气雾型车用香水主要由香精及容器组成,它可以覆盖车内某些特殊异味,比如行李异味、烟草味、鱼腥味和小动物体味等,但挥发速度极快,常放在有艺术造型的容器中,可用 2 至 3 个月。固体型车用香品主要是将香精与一些材料混合,然后加压成型,一般可用两个月左右。液体型汽车香水比较常见,由香精与挥发性溶剂混合而成,比固体汽车香水香味浓、持续时间久、散发慢,盛放在各种具有艺术造型的容器中,可用 2 至 3 个月。此外还有一些利用介质,如香味织物制成的香花,香味陶瓷制成的艺术彩笔等也可用作车用增香品。

随着汽车文化的兴起,汽车香水已经从最初的一个去除车内异味、净化空气的产品演变到功用性和欣赏性相结合的艺术品。车主在选择汽车香水的同时,不仅仅考虑香水的品质和香型,而且要考虑香水座的款式、颜色、材质、大小等更多感观因素。

1. 分类

调制汽车香水的香味通常有:柠檬、玫瑰、茉莉、熏衣草、桂花、柑橘、苹果、水蜜桃、麝香、檀香、佛手、柑茶、百合、香草、栀子、铃兰、荷花、薄荷、龙涎、香橙、花青草、鸢尾、睡莲、小苍兰、风信子、伊兰、琥珀、覆盆子、草莓、柏木、广藿香、松木、姜花、芫荽、香桃木、鼠尾草、杉木、蜂蜜、胡椒、糖果、乳香、姜、安息香、烟草、岩兰草、皮革、肉桂、奶油、牛奶、苔等香味。

汽车香水按照香调可以分为:花香调、花果香调、混合香调、国际香调、古龙香调、海洋香调、东方香调、树木香调、森林香调、琥珀香调、热带香调等。

按照汽车香水座的材质,可以分为:水晶工艺品、玻璃工艺品、琉璃工艺品、塑料工艺品、陶瓷工艺品和金属工艺品等。

按照汽车香水座的外形,可以分为:方形、模块形、圆形、卡通人物、水果型、花型、车标形、三角形、球形、酒瓶形以及海豚形等。

另外,目前市场上还有将汽车香水按男、女款分类,作为营销手段之一。

2. 品牌

汽车香水的品牌主要有:朗龙、快美特、香百年、埃迪、汽车香吧、CDL、爱特丽、爱特诺、卡饰社、Amini、香吧、卡努贝、晶珀特、迪飞龙、卡美斯、AUTOBAN、安程、卡佩、NapolexLes、艾玛、佳丽、香飘飘、水晶堂、轩尼诗VSOP、传奇、铁臂阿童木、伊仕百得、雅芬、保赐利、哈乐猫、圣法兰、圣帝戈、美顿、奥玛特、艾玛Les Amoui、欧泰Seiwa、YooCar、玛百莉、尚逸、圣大保罗、百事德、卡拉沃、天予、弘悦等。

3. 选择建议

选择汽车香水,直接闻不可靠,要闻已经喷在皮草或纸片上的味道来决定需要的香型。车用香水除了消除异味之外,有的是为了让大脑清醒,有的是为了保持心情愉快。如果想在驾车时保持一种平衡的心态,不妨挑选一款具有镇定功效的香型,如清凉的药草香味、宜人的古龙香味、薄荷香味、果香味、清甜的鲜花香味,这些味道都能使人神清气爽。桔香型的香水可以提神,而薰衣草有很强的安眠作用,会令人昏昏欲睡,降低驾驶时的敏感度,不建议选用。

不同季节要选择不同的香水。春秋季节,应尽量避免选择甜蜜的、让人产生睡意的一些香型。夏天,香水挥发快,可选择清淡气味的香水,以免产生刺激性。冬天可以考虑选择提神醒脑的香型。如果经常开空调,最好选择具有较强挥发性的汽车香水,以便及时去除空调带来的异味。

有一些汽车香水有比较另类的香味,比如能让人感觉到森林气息的檀木香味,或者像松柏等植物的根和茎所发出的香气。还有一种看上去清雅透明,味道呈空灵韵味的海洋系列。有的香水甚至能调出让你从香味中体味出速度和危险的气息。

优质香水不仅制作精美、香味持久,还能杀灭细菌,清除异味。劣质香水在使用很短时间后就闻不到香味,而且气味难闻刺鼻。有些劣质香水甚至有毒,造成车内的二次污染,损害驾乘人员的健康。

2.2　汽车外饰用品

随着汽车的普及、汽车消费需求的变化和汽车文化的发展,汽车外饰用品的的种类和形式日渐丰富。张扬个性,体现自我,成为汽车消费的一条主线,这些很大程度上需要通过汽车外饰用品实现。

2.2.1　隔热防爆膜

汽车隔热防爆膜贴在汽车车窗上,起到隔热、阻隔紫外线与防爆的多重作用。

所谓隔热,既包含在炎炎夏日将外部热浪和灼热的阳光阻挡在车外,从而降低汽车空调的能耗压力,也包含在冰雪严冬将暖气保留在车内,提高行车舒适性。车膜阻隔紫外线,有效减缓车内装饰件和覆盖件的老化,延长汽车使用寿命。一旦发生汽车碰撞事故,车膜发挥防爆作用,避免玻璃飞溅,提高了汽车的安全性能。此外,深色车膜减低由外向内的透视度,防止偷窥,起到保护隐私的作用。

1. 隔热原理

隔热膜是将镍、银等金属的分子通过溅射的方法涂布在安全基层上,这些金属层会选择性的将阳光中的各种热能源,包括红外线、紫外线及可见光热能反射回去。从而起到隔热及保护人体及汽车内饰免受紫外线伤害的作用(图 2-44)。

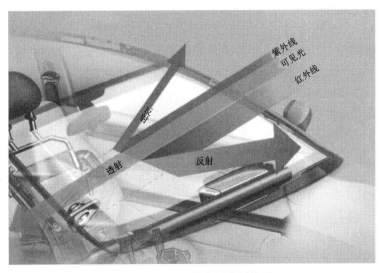

图 2-44　汽车隔热防爆膜隔热原理

2. 防爆原理

隔热防爆膜安全基层的材料为通明聚脂膜(PET 膜),透明而且具有非常强的耐冲击能力。在受到外来冲击的情况下,安全基层能够有效缓冲冲击,同时粘住玻璃防止飞溅,减少外来伤害。

3. 隔热防爆膜分类

1）吸热式隔热膜

主要利用隔热膜内的一层吸热层来吸收红外线,测试时感觉隔热,但实际上热量仍通过玻璃传导到驾驶室内,属于第一代隔热膜。

2）金属膜

隔热膜通过金属涂布层起到反射热源的作用。此类产品一般具有强反光效果,某些产品因金属涂层厚的缘故,易氧化褪色,同时对卫星导航,手机信号等具有干扰阻隔作用。目前市场上参数定位高端的产品大多为此类产品。

3）恒色隔热膜

这种隔热防爆膜低反光、高隔热、色彩稳定。它将膜的色彩及隔热技术融合在膜的基材聚脂膜的生产工艺中,使隔热膜无需金属层即可起到隔热作用,同时保证隔热膜不氧化褪色,对卫星导航及手机信号等基本无干扰。

4）高隔热低反光安全隔热防爆膜

采用先进的涂层工艺及薄膜制造技术,将低内反光涂层融入至隔热膜产品生产过程中,独特的八层结构有效解决了高隔热和高反光这一隔热膜生产技术的矛盾。其低内反光的性能有效保证了驾驶过程中,尤其是在夜间驾驶过程中的视野清晰及行驶安全(图2-45)。

4. 隔热防爆膜性能指标

市场上隔热防爆膜的品种多如繁星,质量参差不齐差别巨大。隔热防爆膜主要通过以下的性能指标来判断其质量优劣和性能差异。

1）透光度

透光度是隔热防爆膜中前挡风玻璃膜的关系到行车安全最重要的性能指标。优质前挡风玻璃膜的透光度可达90%,基本完全透明,能够保证驾驶视线的清晰。侧窗膜的透光度应该选择在70%以上。

2）隔热率

太阳光中红外线是主要的热量来源。质量好的车膜能够通过反射红外线隔热,使得车内的温度降低,继而降低空调负荷节省燃油。优质隔热防爆膜的隔热率应达到90%左右。有些隔热防爆膜是通过吸收红外线隔热。这种隔热防爆膜,一方面有吸收饱和点,达到饱和后膜将不能进一步吸收红外线,使得隔热效果下降;另一方面,车膜及车窗温度会随之升高,继而向车内散热,也使得隔热效果降低。

3）紫外线阻隔率

阳光中的紫外线是造成车内装饰件覆盖件老化的直接原因。紫外线照射在人身体上会灼伤皮肤。因此,将阳光中的紫外线阻隔在车外非常重要。优质的隔热防爆膜对紫外线的阻隔率通常高于98%。

4）防爆性

隔热防爆膜有韧性,事故中车窗玻璃破裂后可被膜粘牢而不会飞溅伤人。隔热防爆膜的防爆性能主要体现在膜韧性的大小和黏附力的强弱。

5）防刮性能

优质隔热防爆膜表面有一层防刮层,能够在正常使用下能保护膜面不轻易被刮伤,从

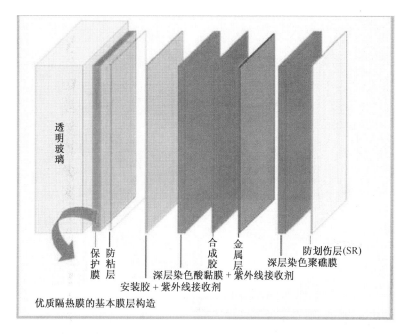

图 2－45　优质汽车隔热防爆膜胶层构造

而保证车窗拥有持久的清晰度。

5. 品牌

隔热防爆膜常见的品牌包括:汉蝶、LG、3M、任我行、铭仕威、太普儿、威固、威克、量子、龙膜、北极光、美基、舒热佳、雷固、雷朋等。

2.2.2　车身外饰与加装

车身外饰与加装用品主要包括:灯罩框、车身及车窗饰条、轮眉装饰件、碳纤维贴膜、尾喉、车牌架、汽车门腕、车用双面胶、灯眉、气门芯套等。

1. 灯罩框

为了能够与车身完美贴合,汽车灯罩框一般是专车专用,分前灯、后灯和边灯。灯罩框的材质通常由 ABS 工程塑料电镀而成,安装时用 3M 胶粘连在车身上即可(图 2-46)。

图 2-46 汽车灯罩框

2. 车身及车窗饰条

其中包括:门槛条(也称迎宾踏板、门边保护条、门坎条,如图 2-47 所示)、后备箱饰条(图 2-48)、中网框装饰条(图 2-49)、车身防撞防擦条(图 2-50)、窗饰条(图 2-51)。

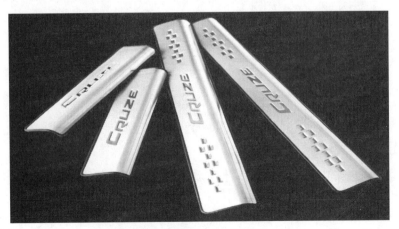

图 2-47 汽车门槛条

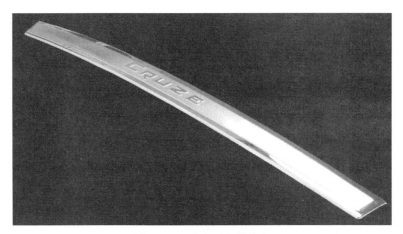

图 2-48　汽车后备箱饰条

图 2-49　汽车中网框装饰条

图 2-50　汽车车身防撞防擦条

车身及车窗饰条通常为不锈钢或者 ABS 镀铬材质,背面带胶便于安装。耐磨的门槛条一般采用不锈钢。

3. 轮眉装饰件

轮眉装饰件外表光洁亮丽,既是一种装饰,又能起到防撞防蹭功能。轮眉装饰件通常

图2-51　汽车窗饰条

为不锈钢材质,安装很简单,用附带的专用卡扣卡合在汽车翼子板轮圈处即可(图2-52)。

图2-52　汽车轮眉装饰件

4. 碳纤维贴膜

碳纤维是一种力学性能优异的新材料,它的比重不到钢的1/4,抗拉强度是钢的7~9倍,因为价格很高,目前只在豪华车型上有所应用。碳纤维贴膜实际上是一种仿碳纤维贴纸,有着比较强的立体感,可以贴在任何想贴的汽车部件上,形成如同碳纤维材料般乱真的装饰效果(图2-53)。

5. 尾喉

汽车排气管口虽然在汽车的尾部下方隐蔽处,但是很影响汽车的整体观感和档次。普通汽车的排气管口就是简单的铁皮,加上一个不锈钢的尾喉装饰一下,能够立刻起到提升汽车档次的效果。不锈钢的尾喉还有助于减缓排气管口的锈蚀(图2-54)。

图 2-53　汽车碳纤维贴膜

图 2-54　汽车尾喉

　　烤蓝的尾喉最早出现在 F1 方程式赛车上,那是赛车的短排气管排出未彻底燃烧的高温燃气将排气管口烧烤成蓝色。因此装配烤蓝款尾喉的汽车给人以强劲动力的感觉,备受年轻驾车者的喜爱。

　　尾喉常见的品牌有:固德、欧泰、赫迪、雷遁、佰纯、欧莱、丽豹等。

　　6. 车牌架

　　车牌架就是放牌照的架子,也可称为牌照框、牌照托、车牌框、车前车后各有一个。车牌架按材质可分为塑料车牌架、不锈钢车牌架、铝合金车牌架、铁质车牌架、锌合金车牌架、钛合金车牌架、镁铝合金车牌架等。不同的材质特点也不同,ABS 塑料材质的车牌架不会生锈,但容易断裂;铝合金材质车牌架比较轻,比较容易断裂,但防锈效果好;铁材质车牌架硬度强,不容易断裂,但防锈效果不是很理想;不锈钢材质的车牌架亮度好,材质韧度好,防锈效果不错;黑钛合金车牌架硬度好,防锈效果也好;镁铝合金车牌架外形美观,不生锈,也不容易断。车牌架品种样式非常多,不仅仅起到保护车牌,还能达到装饰汽车、展现个性的效果(图2-55)。

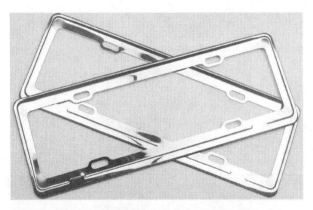

图2-55 汽车车牌架

2013年新交规明确规定,每个机动车的前后车牌必须安装8个新式号牌固封,前后各安装4个,但是"受车辆自身条件限制的除外"。也就是说,如果受车辆条件限制,比如前号牌安装位置为悬空的,就只需安装上面两个固封装置。新交规规定车牌架内侧边缘距离机动车登记编号字符边缘应大于5毫米,牌照架上带有卡通图案是不允许的,更不得使用可拆卸活动号牌架和可翻转车牌架。

车牌架常见的品牌包括:龙七牌、仙人掌、爱车屋、完美、奔克、乐路、君程、固钛、卓越、TYPER、嘉实多、合力、虎贝尔、雷遁等。

7. 汽车门腕

因为需要经常开门,汽车门拉手凹面很容易被指甲划伤。汽车门腕就是贴于门拉手凹面,既起保护作用,又起美观装饰作用(图2-56)。

汽车门腕的材质通常为ABS电镀或者不锈钢,通过背面的胶粘连在门拉手凹面处。

汽车门腕常见的品牌有欧泰、永福路、绿禾、丽豹、TYPER等。

8. 车用双面胶

汽车内外装饰中常用3M强力双面胶,特点是粘连力强、耐水、耐高温、耐老化、粘连贴伏性好(图2-57)。

使用3M双面胶的方法和步骤:

图 2-56 汽车门腕

图 2-57 车用双面胶

（1）先对黏着表面进行清洁，并让其干燥。

（2）待黏着表面干燥后，将胶带贴合于黏着表面，并对其施加压力，使其有效粘合。

（3）将胶带保护纸撕除，然后将需贴合的物品贴上，同样对其施加压力，使之有效贴合。

（4）胶带粘接时，应以一端先贴合后，再缓压至另一端，以减少气泡产生的概率。

（5）在温度低的情况下使用时，可以用吹风机将胶带加热一下，提高胶带的黏性。

9. 灯眉

灯眉通常专车专用，由 ABS 电镀而成，用双面胶粘装在车上起装饰效果，也称灯框装饰亮条（图 2-58）。

10. 气门芯套

普通汽车上原配的气门芯套一般是塑胶的，不够美观。装饰性气门芯套通常采用金属材质电镀，甚至有镶嵌水钻的（图 2-59）。

还有一种功能性气门芯盖帽，能够监测并警示轮胎气压。当气压正常时，透过透明的

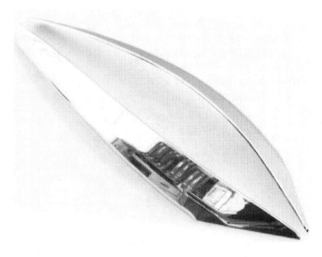

图 2-58　汽车灯眉

视窗看见的是绿色。而一旦轮胎气压不足,气门芯盖帽的透明视窗内呈现黄色,如果欠压严重,呈现红色。车主通过观察气门芯盖帽能够随时掌握汽车各个轮胎的气压,提高了行车安全性。

图 2-59　汽车气门芯套

2.2.3　车贴与车标

1. 车贴

车贴,就是贴在汽车上的贴纸,起美化装饰的作用。此外,车贴还有警醒他人、表达个性、保护漆面和遮盖划痕的作用。如果车身被刮,可以在影响汽车美观的划痕上贴上车贴。如果汽车贴了反光材料做的车贴,能够在夜间提高行车的安全。

车贴起源于赛车运动,赛车选手的汽车必须标明参赛编号以便识别,这是最早的车贴运用。随着赞助商涌入赛车行业,赛车车身开始出现大量的赞助商广告,促进了车贴的进一步繁荣。购车人群的年轻化,以及年轻人崇尚运动、展现活力的特点,使得车贴花样翻新,风靡全世界。

1) 分类

汽车贴纸按照用途可以分为运动贴纸、改装贴纸和个性贴纸三类。

运动贴纸,主要指赛车运动贴纸,场地赛与拉力赛所用车型和赛道各有不同,汽车贴纸也有相应区别。拉力赛汽车贴纸图案重点突出车队及主要赞助商的标志,色彩与车队的整体风格配合,强调宣传效果。场地赛汽车贴纸常常见到火焰、赛旗、波浪等图案,为比赛增添动感与活力,调动观众的气氛。

改装贴纸,通常是厂商为了参展或推广新产品,为参展车专门设计的主题贴纸。这样的改装贴纸往往绚丽多彩,带有改装厂的标志,经过精心设计和搭配,与改装过的展车相得益彰,引人注目。

个性贴纸,是依照车主个人喜好和品位,量车定做的个性化贴纸。个性贴纸通常通过自行设计和自由搭配,展现车主幽默风趣、运动活力、艺术涵养、低调务实等风格。

按照所贴位置可以分为全车贴、车身贴、后视镜贴、车头盖贴、油箱盖贴以及前挡贴等。

2) 材料

车贴的材料要求有比较好的耐候性和抗老化性,必须能够耐受户外的日晒雨淋和空气中沙尘的冲刷、防油以及防洗车液,而且要求撕后不留胶。常用的车贴材料有 PVC 和不干胶等。

PVC 户外专用胶贴纸耐磨,抗紫外线,有普通、夜光、金属反光、镭射反光、金属拉丝等多种选择。

不干胶的色彩及材料由特殊工艺制成,在出厂时即可拥有较高的色彩耐久性。高品质的不干胶在撕除后不会损伤车漆,刀刻不干胶可以保证赞助商的标志在赛车上清晰、艳丽、醒目,因此被国际赛车普遍采用。

随着科技的进步,反光不干胶逐渐被用来制作车贴,醒目的颜色和夜间反光特性大大提高了汽车行驶的安全性。

金属材料车贴,是指将铝等比重小的金属板材,由机器压制出凹凸面,再用金属烤漆制作颜色,最后经过打磨、拉丝等工艺制作的车贴。金属车贴的面积不能过大,一般用于车标以及小面积的装饰性车贴。

3) 品牌

常见的车贴品牌有威诗柏、摩丝摩丝、帝图、翼贴、路派、爱图腾、TYPER、蝙蝠侠、卡努奇等。

需要提醒车主注意的是,根据相关规定,车身上未经审批是不允许做广告的,所以普通私家车的车贴内容须与广告无关。此外,车贴不可遮挡视线、不可遮挡车牌,面积也不可太大。车贴超过车体面积20%会受到交规的处罚。全车贴等于改色,是不可随意做的,必须要办理机动车变更登记申请手续得到批准后才能进行。

2. 车标

车标包括汽车本身的品牌标志,比如奔驰的三叉星、奥迪的四个圆环、丰田的三个椭圆、法拉利的一匹跃起的马等,以及车主为了使得爱车更加符合自己的个性需要而加装的装饰标志(图2-60)。

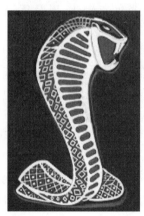

图2-60 汽车车标

在早期欧洲的一些私人俱乐部,会员会拥有一个精致的俱乐部徽标。有些会员将徽标安装在私人汽车前部的中网上,既方便进出俱乐部时表明身份,也是一种社会地位的象征。如今,汽车装饰爱好者常常给自己的爱车装配个性化徽标,彰显与众不同的个性。这样的徽标装在车前中网上,就是中网标;装在汽车发动机舱盖前部,称为前标;装在汽车尾部,称为尾标(或者称为后标);装在车轮轮毂上,称为轮毂标(图2-61)。

图2-61 汽车徽标

车标常用的材质有：锌合金、不锈钢、铝钛合金、电镀 ABS 等。

3. 犀牛皮贴膜

犀牛皮，是汽车漆面保护膜的俗称，是一种高性能聚氨脂薄膜，具有超强的韧性，贴上它，可以使汽车漆面高磨损区域表面免遭损坏、抗刮划、抗磕碰，并能防止烤漆表面生锈及老化发黄（图 2－62）。

图 2－62　汽车犀牛皮贴膜

犀牛皮具有卓越的延展性、透明性及曲面适应性，装贴后不影响车身外观，已被越来越多的汽车生产厂商所使用。

对于一辆汽车，保险杠很容易受到轻微碰撞，车门、后视镜背面、门把手等位置也容易被划伤，车身会留下顽皮孩童的划刮。车身漆面受到损伤，不仅影响汽车整体美观，还容易使车身生锈。贴上犀牛皮，能使汽车漆面最大限度降低刮划之痛，令汽车更长时间保持崭新形象。

市场上的犀牛皮有可以根据需要自己裁剪、成卷销售的，和按照所贴位置需要已经剪裁好的两大类。

犀牛皮的品牌有：3M、虎贝尔、傲盾、威固、量子、WELLS、龙膜、铭仕威、纳米盾、舒热佳、强生、雷固、LG、柯丽仕、宝龙、北极光、窗卫士、红宝石、欧嘉、威克等。

2.2.4　汽车装饰灯

通过在外部加装各种灯饰来使得汽车更加绚丽夺目，是许多爱车玩车人士热衷的事情，其中许多灯饰加装涉及到了汽车改装。汽车装饰灯的种类繁多，包括天使眼、眉灯（泪眼灯）、底盘灯、轮弧灯、霹雳游侠灯、音乐声控灯、爆闪灯等。

1. 天使眼

天使眼是在近光与远光灯头外围绕的黄色或是其他颜色的由 LED 灯组成的光环，在示宽灯状态下很漂亮。此设计最初来自宝马 5 系大灯。当打开大灯后，大灯光有一个光环，这个光环很像天使头上的光环，因此得名"天使眼"（图 2－63）。

原厂安装"天使眼"大灯的汽车主要是宝马车系。普通汽车可以通过加装国外改装厂的生产的"天使眼"大灯总成来实现安装"天使眼"大灯。除了宝马原装的，目前天使眼分成

图 2－63　天使眼

两种：①CCFL(Cold Cathode Fluorescent Lamp)，也就是冷阴极荧光灯管，玻璃材质，工作原理与日光灯相近，需要启动器，亮度高，易碎。封入不同荧光粉，可发射出蓝、白、黄、绿、紫、红等不同色彩的可视光。②LED，材质为导光塑料，效果类似宝马天使眼，使用寿命长。在选用"天使眼"改装产品时，须仔细看清产品说明，注意其能够匹配的大灯类型。有些产品不能与氙气灯匹配，若强行匹配会有风险。

"天使眼"灯泡的色温通常有 4300K、6000K 和 8000K 几种可选。4300K 的发黄白色，雨雾天穿透效果好。6000K 的发白色，视觉效果好。所有的高档车，如奔驰、宝马、奥迪、陆虎、凯迪拉克等全部是采用 4300K 的色温。

DIY 改装"天使眼"大灯总成对个人改装的技术要求很高，需要考虑车灯内部空间及角度、密封、灯光切线的平行度、灯光左右高低调节、左右宽度、透镜与灯泡相对位置等问题，这些都要调正到最佳状态，才能达到改装预期的效果。"天使眼"有个寿命问题，如果坏了就要拆灯更换，这是需要在改装前就考虑到的。

"恶魔眼"与"天使眼"类似，"天使眼"装于透镜外部，点亮后呈现圆形，"恶魔眼"装于透镜内部，点亮后从整个透镜内部透出 CCFL 或者 LED 的色彩。

2. 眉灯/泪眼灯

眉灯是安装在大灯上沿的装饰灯，如果将大灯比着汽车的眼睛，那么它的位置就是在眉毛处，因而得名"眉灯"。泪眼灯也是装饰灯，在大灯的下沿，如同眼泪滴出，因此得名"泪眼灯"(图 2－64)。

图 2－64　汽车眉灯

眉灯和泪眼灯一般是通过加装灯条实现。目前常用的灯条有两种：①灯条中均匀分布着 LED 灯珠，点亮后的效果是不连续的光点。这种灯条，不同厂家不同型号，灯珠密度不一样，装车后的效果也不同。②灯条是导光条，内部同样均匀分布着 LED 灯珠，但是 LED 发出的光经过导光条后呈现出连续的光条效果。这种灯条常常是白+黄、或者蓝+黄双色，黄色在打转向灯时闪烁(图 2－65)。

图 2-65　泪眼灯

　　眉灯和泪眼灯的灯条通常比较柔软,耐折叠,可以弯曲成任意需要的形状,防水抗震,长度也可以根据需要进行剪裁,颜色有红、蓝、白、黄等多种选择。

　　灯条的安装比较简单:灯条背面带有胶。清洁大灯周围,撕掉背面胶的封纸,将灯条按压粘贴在需要的地方即可。灯条正负极导线连接到汽车示宽灯的相应连线上。如果是双色灯条,将会有三根导线,其中一根需连接到转向灯的导线上(图 2-66)。

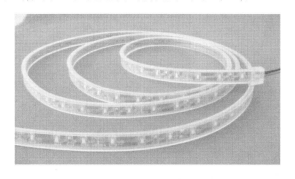

图 2-66　灯条

3. 底盘灯

　　底盘灯,顾名思义就是安装于汽车底盘,在夜晚发出绚丽光彩的装饰灯,从而使汽车与众不同。底盘灯除了装饰作用外,还具有一定的警示作用。在夜间、雾天、雨天以及能见度差的时候,绚丽醒目的底盘灯可以很好地提醒周边行人和其他车辆车的位置,减少事故隐患(图 2-67)。

图 2-67　汽车圆头底盘灯

　　底盘灯有很多种,早期采用霓虹灯,现在基本上已被 LED 取代。LED 相比于霓虹灯,具有工作可靠性高、抗震性好、使用寿命长、省电、亮度高、价格便宜等优点。

采用 LED 光源的底盘灯常见的有两种：

（1）与眉灯类似的灯条，由透明软胶条包裹住一个个高亮度 LED，密封防水，柔软可随意弯曲，用扎带固定在底盘上。

（2）圆头底盘灯，通常一组 4 只，通过背面的胶粘贴在底盘上。

底盘灯的线路可以有多种接法。如果接到汽车的示宽灯线路上，当打开示宽灯时底盘灯就会同时点亮；如果接到汽车大灯线路上，当打开汽车大灯时，底盘灯点亮；也可以接到汽车的雾灯上，这样当打开雾灯时底盘灯就会点亮，让汽车更加醒目。

4. 轮弧灯

轮弧灯也称为气门嘴灯，由动态感应电路、光控电路和 LED 组成，装上纽扣电池后拧紧在汽车轮胎的气门嘴上，夜间车开动就会点亮，随轮胎转动形成一圈光环。

气门嘴灯的光控电路和动态感应电路随时探测外界的光线强弱以及有无振动。只有当天黑后（光线比较暗）汽车行驶（有振动），气门嘴灯才会点亮，形成风火轮一般的效果。而在白天或者汽车停止的时候，气门嘴灯不亮，避免没有效果的情况下浪费电。

气门嘴灯通常具有防水功能，因为采用纽扣电池作为电源，所以无须改动或者连接汽车上的电路，安装方便（图 2-68）。

图 2-68　轮弧灯/气门嘴灯

5. 霹雳游侠灯

霹雳游侠灯是一种形象的说法，其实就是包含多个 LED 灯珠、变换不同组合游动闪亮的灯条，可以有多种不同的色彩，通常安装在中网处，给人以炫耀的感觉（图 2-69）。

6. 音乐声控灯

音乐声控灯也称为 LED 音乐数码灯，是根据图示式均衡器的原理制造。它能根据输入或现场接收的音乐节奏，产生对应的 LED 高低起伏跃动闪亮的效果，将动听的音符以极具冲击力的视觉形式展现出来。汽车音乐声控灯是一片声控发光贴，属于超薄 LED 冷光片，有红、蓝、绿、黄、五彩等多种颜色，通常粘贴在后窗玻璃上，可以通过导线连接车内的点烟器供电（图 2-70）。

音乐声控灯内置声音传感器，靠感应汽车内音响发出的声音（车内人说话的声音）而发

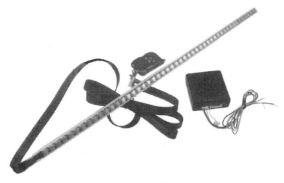

图 2 - 69　霹雳游侠灯

光,控制冷光片随着声音大小有节奏的跳动。有些产品还带有灵敏度调节。

图 2 - 70　音乐声控灯

7. 爆闪灯

爆闪灯,又被称为暴闪灯、频闪灯,是利用电子手段使光源快速的闪烁,起到警示的作用。爆闪灯的光源分为两种:

(1)高压气体放电型灯管:形状上有长形灯管、U 形爆闪灯管、螺旋型爆闪灯管等,由于这类灯管闪烁速度快,亮度高,曾经被广泛的使用;但随着 LED 技术的不断成熟,已逐渐被大功率 LED 光源所取代。

(2)LED 发光二极管:这种光源的显著特点是效率高、省电,配合透镜可获得极佳的亮度,已成为当前爆闪灯的主流应用。

爆闪灯的外形多样化,有雾灯型设计,可代替汽车雾灯使用的;有嵌入式,打孔安装在汽车的大灯、雾灯、尾灯内;有安装于汽车风挡玻璃内的吸盘式爆闪灯;有依靠磁铁吸附在车顶上使用的吸顶式爆闪灯;也有安装于汽车中网或者保险杠上,被称为中网爆闪灯、杠灯。爆闪灯除了能够给汽车增添个性吸引眼球外,在雨雾雪等能见度不好的天气条件下使用会有极好的安全警示效果(图 2 - 71)。

需要注意的是,爆闪灯一直被用在警用或特殊车辆上,属于管制用品。民用汽车加装爆闪灯要注意避免违反相关法律法规。

图 2-71　爆闪灯

复习思考题

1. 汽车内饰用品有哪些？

2. 汽车外饰用品有哪些？

3. 汽车坐垫有哪些种类？

4. 汽车坐垫有哪些品牌？各有什么特点？

5. 汽车坐垫通常会采用哪些材质？各有什么特点？

6. 优质的汽车坐垫或座套在设计做工方面有什么特点？

7. 汽车脚垫/地胶主要有哪些功能？

8. 汽车脚垫/地胶有哪些类型？

9. 汽车脚垫/地胶有哪些品牌？各有什么特点？

10. 汽车脚垫/地胶通常会采用哪些材质？各有什么特点？

11. 汽车脚垫/地胶在设计做工方面主要考虑哪些因素？

12. 头枕/抱枕/靠枕有哪些品牌？各有什么特点？

13. 头枕/抱枕/靠枕通常会采用哪些材质？各有什么特点？

14. 方向盘套有哪些分类？

15. 方向盘套有哪些品牌？各有什么特点？

16. 方向盘套通常会采用哪些材质？各有什么特点？

17. 汽车挂件和摆件通常会采用哪些材质？各有什么特点？

18. 汽车挂件和摆件各有哪些分类？

19. 汽车挂件和摆件有哪些品牌？各有什么特点？

20. 汽车遮阳挡有哪些分类？通常会采用哪些材质？各有什么特点？

21. 避光垫的作用是什么？通常会采用哪些材质？各有什么特点？

22. 防滑垫有哪些品牌？通常会采用哪些材质？各有什么特点？

23. 脚踏板防滑垫通常会采用哪些材质？有哪些安装方式？各有什么特点？

24. 汽车香水有哪些分类？有哪些品牌？各有什么特点？

25. 怎样选择汽车香水？

26. 其他汽车内饰用品有哪些？有什么作用？各有什么特点？

27. 汽车隔热防爆膜有哪些性能指标？有哪些分类？各有什么特点？

28. 汽车隔热防爆膜有哪些品牌？各有什么特点？

29. 车身外饰与加装用品主要包括哪些？通常会采用哪些材质？各有什么特点？

30. 车贴与车标有哪些分类？通常会采用哪些材质，各有什么特点？

31. 什么是犀牛皮贴膜？犀牛皮贴膜有什么作用？

32. 汽车装饰灯有哪些种类？各有什么特点？

第3章

汽车养护美容用品

【学习目标】

1. 掌握汽车的养护美容用品的分类。

2. 掌握外部美容洗车用品主要包含哪些用品以及它们的品性特点。

3. 掌握漆面镀膜用品主要包含哪些用品以及它们的品性特点。

4. 了解发动机外部清洁与护理用品的品性特点。

5. 了解轮胎清洁与护理用品的品性特点。

6. 了解玻璃清洗与护理用品的品性特点。

7. 掌握车内清洁与护理用品主要包含哪些用品以及它们的品性特点。

8. 了解塑料件清洁与护理用品的品性特点。

9. 掌握常用的汽车养护美容工具和设备的用途和使用方法。

【本章重点】

1. 各种外部美容洗车用品的品性特点。

2. 各种常用的汽车养护美容工具和设备的用途和使用方法。

汽车美容与养护是随着汽车工业的发展,于20世纪30年代初即在美欧等汽车发达国家开始起步,并在第二次世界大战后逐渐发展壮大。20世纪80年代以来,专业汽车美容养护中心出现了爆炸性的增长。以成熟的美国汽车市场为例,汽车美容养护店占汽车服务行业80%的比例。

我国汽车美容行业起步于20世纪90年代初,相对较晚。初始的汽车美容仅限于洗车,所用的汽车养护美容用品既单一又不专业。随着我国汽车工业的快速发展、特别是家庭轿车保有量的不断增多,汽车美容与养护的项目、内容、工艺、质量及标准逐渐丰富、健全和规范,汽车美容与养护成为流行的消费时尚,汽车养护美容用品也发展成为一个品种众多、系统、规范且专业的门类。

汽车的养护美容用品大概可以分为:外部美容洗车用品、漆面镀膜用品、发动机外部清洁与护理用品、轮胎清洁与护理用品、玻璃清洗与护理用品、车内清洁与护理用品、塑料件清洁与护理用品以及汽车养护美容工具和设备。

3.1　外部美容洗车用品

　　外部美容洗车用品主要用于清洗沾染在汽车外部表面的污垢、灰尘、虫尸、鸟屎、沥青等,保持车体清洁干净,是一种日常的汽车养护类产品。常见品种有:预洗液(泥土松弛剂),洗车液,鸟屎虫尸清除剂,沥青清除剂,车漆铁粉去除剂等。

3.1.1　预洗液(泥土松弛剂)

　　预洗液也称为泥土松弛剂、泥沙松散剂、泥沙脱离剂。正确洗车程序的第一步应该是在全车表面喷洒预洗液溶液。预洗液溶液渗透到车身上的泥沙灰尘等污物中,能够有效削减它们与车漆面的附着力,让它们浮在车漆上,从而减少洗车过程中车漆表面的损伤(图3-1)。使用预洗液还能够减少洗车时的冲水时间。

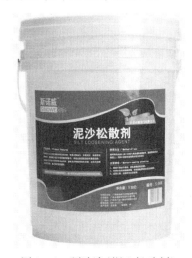

图 3-1　预洗液(泥土松弛剂)

3.1.2　洗车液

　　洗车液的选用非常重要。碱性强的洗涤剂或肥皂粉,虽然去污力强,但同时损伤性也大,用它们洗车,车体表面的亮光会被侵蚀掉,而且会加速车身橡胶件、轮胎、车窗等的老化。专业洗车液的 PH 值为7,呈中性,不会侵蚀车表面。

　　当前市场上洗车液的种类有含蜡洗车液、水晶膜洗车液以及免擦拭洗车液等。

　　含蜡洗车液也称为水蜡,由于在洗车液中添加了车蜡成分,洗车后给车身覆盖了一层车蜡,既使得车身整洁光亮,又能够让车身漆面有一定的弹性,保护漆面不被空气中细小的尘土飞沙划伤。某些车蜡还具有一定的抗紫外线作用,抵御紫外线对车身漆面的伤害。

　　水晶膜洗车液使用柔和配方,PH 值为中性,无磷无泡沫,环保节水,使洗车和水晶膜涂装同时完成,适合手工,自动洗车机等各种洗车方式。

　　水晶膜洗车液对车漆进行深层清洁和护理,使车辆光亮如镜,有防尘、防锈、防酸雨、防鸟粪虫尸、抗紫外线、拨水(荷叶效果)等功效,污渍附着力降低,容易再清洗。水晶膜硬度超过车漆,因其组成颗粒为纳米级,令其他物质无法穿透,对于车辆因日晒、氧化、碱性洗车等原因导致的颜色陈旧、光泽暗淡等问题有一定的缓解作用。

与常规的聚合物涂装和蜡不同,水晶膜不会因为氧化而劣化,而且可以重复洗车涂装。用水冲洗已涂装汽车水晶膜车身时,不会洗掉水晶膜成分,水流只会在水晶膜表面流动。新涂装的水晶体分子会与以前涂装的水晶体分子层叠在一起,使车身的光泽更加明亮耀人,对车身表面的保护效果也更好,坚持使用可达到长期保持车身鲜艳光亮的效果。

免擦拭洗车液中含有多种高分子表面活性剂,具有超强的综合去污能力,能快速乳化分解油污,软化污垢,具有抗静电及抗硬水的作用,配合高压水冲洗设备可方便快捷地对汽车表面进行免擦拭清洁。洗车过程(除了擦干)不用海绵、抹布及其他清洁工具直接接触汽车表面,极大地提高洗车效率及洗净度。免擦拭洗车还能够避免清洁工具因为含裹沙粒而在洗车过程中对车漆的损伤。

市场上销售的洗车液也称为洗车香波,都是浓缩的。还有进一步浓缩成粉的浓缩洗车粉,同样是兑水溶解后使用。

3.1.3　鸟屎虫尸清除剂

车停树下,经常会留下鸟和虫的粪便。汽车高速行驶中会撞击飞虫,在挡风玻璃和车身留下虫尸残迹。无论是鸟屎从高处落到车上,还是飞虫高速撞击车身,它们都与车漆结合紧密,通常难以去除,尤其是因为没有及时清理而干结后。鸟屎虫尸的蛋白质含量高,偏酸性,长时间附着在车身上,会腐蚀车漆,使得车身失去光泽,清洗时如果处理的不好,会损伤车漆表面。

鸟屎虫尸清除剂可以中和鸟屎虫尸,消除其与车漆表面的结合力,达到既清除鸟屎虫尸又不伤害车漆的目的。

3.1.4　沥青清除剂

汽车行驶在沥青路面上,难免会粘上飞起的沥青斑点。沥青斑点的主要成分是油份,普通的洗车液不能彻底的去除这种油份。以前去除沥青的方法是用毛巾或黏土来回用力的擦拭,这样难免会损伤漆面。使用沥青清洗剂可以不用擦拭,通过溶解消除沥青,实现对漆面的零损伤。沥青清洗剂可以渗透溶解沥青并能乳化沥青,在洗车的同时完成沥青清洗的工作,轻易地去除车身上的沥青斑点。

3.1.5　车漆铁粉去除剂

建筑工地、裸露的地表以及汽车刹车片的摩擦,都会造成铁粉或者铁的氧化物散布在空气中。汽车行驶时,这些空气中的铁粉就会附着在车漆表面。随着水分的蒸发,铁粉会牢牢地粘在车身上。车漆因为阳光照射和发动机散发的热量而受热变软,会将表面附着的铁粉融合进去,进而加速车漆与铁粉发生电化学反应,使车漆内部受到损害。车漆受到铁粉侵蚀后,逐渐失去光泽、变色、形成"牛皮癣"、车漆变质,严重的甚至会造成漆面会起皮脱落。

车漆铁粉去除剂能迅速溶解漆面的铁粉、氧化层等物质,适应车身、玻璃、轮毂表面的去铁粉作业,溶解后的铁粉会自然流下,用清水冲洗掉即可。

3.2 漆面镀膜用品

由于车漆是以树脂为主要成分的有机化合物,它具有燃点低、易氧化、易挥发等,自然界中有很多物质都能对它造成损害。诸如自然氧化、水垢、洗车、鸟(虫)粪便、铁粉、酸雨、树液、不当护理等,都能破坏车漆的装饰效果和降低防护性能,严重的会造成难以修复的漆面龟裂。汽车在行驶过程中,空气中尘粒的摩擦会给汽车漆面留下许多细小的丝痕,使漆面的镜面效果减弱。

漆面镀膜就是给汽车漆面镀上一层光泽度高、耐磨性强、耐腐蚀性强的保护膜,有效提高和保护汽车漆面的色彩与光泽。

漆面镀膜用品有脱脂剂、研磨剂、抛光剂、还原剂、树脂类镀膜产品、玻璃质类镀膜产品等。

3.2.1 脱脂剂

在进行车身和玻璃的镀膜施工前,车蜡等油脂成分一定要清除干净,如同人在化妆之前需要洁面一样。脱脂剂就是在进行车漆表面、玻璃表面或者轮毂镀膜时必需的基础处理产品,用于清除附着于车身表面的残存车蜡等油脂成分,提高镀膜质量。如果在油脂没有清除干净的情况下进行镀膜、镀膜的效果就会大打折扣,还可能出现雾膜的现象。

脱脂剂的施工方法很简单,把脱脂剂液体喷到毛巾上,用带有脱脂剂的毛巾轻轻擦拭车漆表面即可。

3.2.2 研磨剂

汽车镀膜前需要去除漆膜表面的氧化层、轻微划痕等缺陷,一般通过研磨、抛光和还原这三道工序来完成。研磨是漆面轻微缺陷修复的第一步,要求使用专用的研磨剂,用研磨(抛光)机进行作业。

研磨时要根据漆面的状况和划痕的深浅选择合适的研磨剂。研磨剂按使用范围不同分为普通型研磨剂和通用型研磨剂。

1. 普通型研磨剂

普通型研磨剂中含有坚固的浮岩颗粒。根据浮岩颗粒的大小,普通型研磨剂分为微切、中切和深切三种,主要用于治理普通漆不同程度的氧化、划痕、褪色等漆膜缺陷。浮岩颗粒的主要特点是坚硬,研磨的速度快。因为浮岩颗粒不会在研磨中产生性质的变化,用于研磨透明漆时很容易把透明漆层打掉,因此普通型研磨剂不适用于透明漆的研磨。

(1)微切研磨剂,一种柔和的研磨剂,研磨时对车漆损伤最小。

（2）中切研磨剂，一种较柔和的研磨剂，切割(摩擦)能力适中。

（3）深切研磨刑，切割(摩擦)能力最强的研磨剂。

2. 通用型研磨剂

通用型研磨剂可以使用于普通漆和透明漆。这种研磨剂采用微晶体物、合成材料或陶土替代浮岩作为新型摩擦材料，既保留了浮岩的切割功能，但又不像浮岩那样坚硬。在研磨发热的情况下，这些新型的磨擦材料可与漆膜发生化学反应，从而达到护理漆面的作用。

通用型研磨剂根据切割方式可以分为物理切割方式的、化学切割方式的和多种切割方式的研磨剂。物理切割方式的研磨剂有陶土型；化学切割方式的研磨剂有微晶体型；多种切割方式的研磨剂主要是中性研磨剂。

（1）陶土型研磨剂的主要特点是材料坚硬、切割速度快，它是利用颗粒与漆层摩擦产生高热，去除表面瑕疵，但操作过程中颗粒体积不会因切割的速度或力度的变化而发生变化。如果操作人员对漆膜厚度不了解或手法不熟练，很容易磨穿漆层，所以只适合于操作十分熟练的专业人员使用。

（2）微晶体型研磨剂的主要特点是可以通过摩擦产生的热量逐步化解微晶体颗粒，使其体积在操作过程中逐渐变小，产生极热高温而去除氧化层，同时溶解表面漆层凸出部分，填平漆面凹处的针眼缺陷。

（3）中性研磨剂内含陶土及微晶体两种切割材料，适合于各类汽车漆面，而且便于操作，速度快，研磨力度小，既有物理切割作用又具有化学溶解填补功能。它利用两种材料与漆层摩擦产生的热量去除氧化层，同时可以迅速溶解漆层凸点、填补凹处从而起到双重功效，是目前市场上最佳的漆面护理研磨材料。

不管研磨材料如何分类，研磨剂都是按其摩擦材料颗粒的大小来决定其研磨功能的。没有真正通用的研磨剂可应用于所有划痕，因为在治理大划痕的同时，研磨剂又在造成小划痕，医治小划痕则需要更细的摩擦材料。

研磨作业时，须将研磨剂充分摇晃均匀后，在漆面上涂上一条薄薄的、断断续续的研磨剂，用海绵研磨盘将研磨剂均匀涂抹在待抛漆面上，保持研磨盘平面与待研磨漆面基本平行(局部抛光除外)，启动研磨(抛光)机，使其转速设置在 1500~1800r/min 之间，按与划痕成垂直的方向左右移动并逐渐向前推进。

研磨时，依据所选用研磨剂的特点及要求决定是否需要保持湿润研磨盘。如果研磨剂含蜡质成分较多，可以干磨；如果研磨剂含蜡质成分较少，如 3M 产品，研磨作业时，应不断向抛光盘上喷洒洁净清水来保持研磨盘湿润，以降低摩擦表面温度，避免由于摩擦升温过高而使面漆软化以至磨塌漆面。喷水时最好是雾状喷洒，以防因水流过大而冲去研磨剂。

当漆面被充分研磨后，油漆表面会呈现出规律性的圈痕(旋纹)而不是直线的划痕。

3.2.3 抛光剂

抛光是紧接着研磨的第二道工序，要求使用专用的抛光剂，用抛光机作业。

抛光的作用是清除研磨留下的细微划痕、消除漆面细微发丝划痕、处理汽车漆面轻微损伤及各种斑迹，进而达到光亮无暇的漆面效果。因此，抛光剂也是一种研磨剂，是一种含更细微摩擦材料颗粒的研磨剂。

抛光质量的好坏对车漆外观效果及耐腐蚀能力的影响很大。利用化学切割方式进行抛光的抛光剂能达到最佳的抛光效果,常见的产品是采用无硅配方,适用于所有种类的车漆,符合所有汽车生产厂商的漆面处理标准,可以用于汽车生产线及专业护理中心,可以配合各种类型的研磨材料去除漆面瑕疵及漆面研磨所产生的划痕,还可以用于一般打蜡的前期处理,能使漆面产生镜面般的效果,是配合抛光机使用的最佳护理用品。

抛光的具体操作方法与研磨施工基本相同,只是应正确选择抛光剂和抛光盘。抛光剂不可涂在抛光盘上,应断断续续涂薄薄一条在待处理的漆面部位。抛光剂不能涂得太多太厚,以免未及时使用而出现干燥现象。抛光机的转速调整在 1800r/min 左右,使抛光机的海绵轮保持与漆面相切,力度适中,速度保持一定。

抛光机按摩擦材料颗粒或功效的大小分为微抛、中抛和深抛三种。微抛是用于去除极细微的车漆损伤,一般是指刚刚发生的环境污染和酸性侵蚀(如鸟粪、树胶等),但这类的轻微损伤目前可以使用含有抛光剂的蜡来取代微抛。中抛和深抛主要是用来处理不同程度的发丝划痕。中抛适用于对透明漆的抛光,深抛适用于对普通漆的抛光。

对于抛光作业中残留的一些发丝划痕、旋纹等,可通过漆面还原进行处理。

3.2.4 还原剂

还原是紧接着抛光的第三道工序,目的是将车漆的光泽还原回新车的状态。因此还原也称为镜面处理。还原要求使用专用的还原剂,用研磨(抛光)机作业。

还原剂使用与抛光剂同类的摩擦材料,但还原剂含上光材料(上光剂或蜡),而抛光剂不含上光材料。

还原剂与抛光剂的使用区别

(1) 因抛光剂不含蜡,使用抛光剂可切实地检验抛光质量。

(2) 由于还原剂含有上光材料,因此在抛光功能上比纯抛光剂要差些。

(3) 因为还原剂有上光材料,还原剂实际上起到抛光和打蜡共同的效果。

(4) 还原剂保持时间不长,接触水后会流失。想要长久保留光亮的效果,需要通过镀膜来实现。

漆面还原具体操作方法与研磨、抛光施工基本相同,关键是要正确选择抛光盘和还原剂。还原作业时抛光机先用低速 1800r/min 将还原剂均匀涂布,再将转速调整在 2200r/min 左右,使抛光机的海绵轮保持与漆面相切,力度适中,保持一定速度对漆面进行还原处理。

经过充分还原施工的油漆表面不能留有抛光后遗留的圈纹或眩光。检查确认漆面光泽度达到镜面效果后,还原施工完毕。

3.2.5 树脂类镀膜产品

汽车镀膜产品的优劣主要从附着性、光泽度、硬度、抗氧化(耐腐蚀)性能几个方面来衡量。树脂类镀膜的产品主要有以下几个特点:

(1) 附着性差,镀膜在漆面的持续时间一般在 3~6 个月,比较短。过后须重新抛光施工,重新做镀膜。

（2）树脂是黏稠的脂类物质,膜层的透明度、对光线的折射和反射性能都比较差。

（3）由于树脂类的产品硬度低,膜层的硬度低,不能有效地增强车漆的硬度,因此几乎没有防划痕的作用。

（4）因为属于有机质,树脂类镀膜抗氧化耐腐蚀性能也比较差,膜面容易氧化后发乌,使得车身漆面失去光亮。

树脂类镀膜产品因为缺点过于明显,所以现在已经很少使用。

3.2.6 玻璃质类镀膜产品

玻璃质类镀膜产品分为两大类,一类是玻璃纤维镀膜剂,另一类是无机纳米镀膜剂。

玻璃纤维镀膜剂的主要成分是聚硅氧烷。聚硅氧烷涂装在车身后与空气中的水分发生反应,在漆面上形成一层致密的二氧化硅纤维膜。二氧化硅就是玻璃。玻璃纤维镀膜的光泽度和抗腐蚀性都很好,但是因为呈现纤维状,其硬度相对较小,对车漆的保护作用有限。

无机纳米镀膜剂的主要成分为纳米氧化铝、纳米氧化硅。氧化铝和氧化硅分别是天然宝石和水晶的主要成分,硬度高,性质稳定。因此用无机纳米镀膜剂镀膜后膜层的耐磨性极高,不易于氧化,耐腐蚀,使得车身漆面的光亮能够长久保持。纳米级别的粒子极小,形成的漆面膜极为紧密,施工后的漆面用手触摸有非常顺滑的感觉。

无机纳米镀膜的特点是:

（1）附着力强,持续时间可达3~5年,不会因为日常洗车而洗掉。

（2）在漆面附着上一层透明的玻璃质保护膜,硬度高,莫氏硬度可以达到6~7级,能够有效保护车身漆面,防止空气中细微尘粒划伤。

（3）光泽度好,使得汽车始终给人以光亮如新的感觉。

（4）玻璃质膜的抗氧化和抗腐蚀能力都很强,容易清洁。

3.3 发动机外部清洁与护理用品

汽车行驶时,卷起的风沙和灰尘不断地从发动机底部钻入,与油污混合附着聚集在发动机上。如果长时间不对发动机进行外部护理,日积月累,发动机外表就会形成一层厚厚的油泥,降低发动机的散热性能,影响发动机的正常工作。因此,定期对发动机外部进行清洁护理非常必要。

发动机的结构复杂,周边布满各种各样的管线,材质也各不相同,既有金属件、塑料件,又有电子元器件。因此,为了更好地清洁发动机,在进行发动机外部清洁护理时,应针对不同的材质,采用不同性质的清洁、护理产品。

进行发动机外部清洁护理时,一定要小心,稍有不慎就会因发动机电路进水而无法启动。在进行发动机外部清洁护理时,一定要熟悉发动机各部位特征,并对容易进水的部位采取必要的防水措施。切忌用水直接冲洗发动机,否则将影响发动机正常工作。

专业的发动机外部清洁护理时,一般会用到发动机外部清洗剂、电子设备清洗剂、金属抛光剂、塑料橡胶保护剂以及金属保护剂等五大类产品。

1. 发动机外部清洗剂

发动机外部油污较重,需用油脂清洗剂进行清洗,此类清洗剂大多称去油剂也称发动机外部清洗剂。发动机外部清洗剂一般呈碱性,能快速乳化分解去除油污,对机体各个部件没有腐蚀作用,且要求水溶性好,可以完全生物溶解,易于用水冲洗,不留残留物,适用于大部分汽车的金属、塑料、橡胶等部件,对发动机表面的机油、制动液、电瓶水等化学液体有很好的清洁作用。目前市场上的去油剂大致有三类:

(1) 水质去油剂:该类产品具有安全、无害、成本适中等优点,但去油功能有限。

(2) 石化溶剂型去油剂:该产品具有去油能力强,成本低等优点,但易燃、有害环境。

(3) 天然溶剂型去油剂:该产品不仅去油功能强,且对人体和环境无害,但成本较高。

2. 电子设备清洗剂

此类产品一般具有极好的挥发性,具有清洁、防潮、润滑等功能,能有效避免清洗后汽车电器设备因水分长期停留而造成的短路现象,可安全使用于蓄电池、分电器及汽车音响等各类电器上。

3. 金属抛光剂

此类产品内大多含有研磨剂、清洁剂、油分剂等多种成分,有很好的去氧化功能,可用于镀铬、黄铜、合金、银类制品等各种金属表面的清洁工作,能使发动机外表金属部件恢复原有光泽,并延缓腐蚀周期。

4. 塑料橡胶保护剂

此类产品一般是集上光、增色、保护于一体,内含的聚脂光洁保护元素,能够滋润发动机表面各类塑料、橡胶、尼龙等部件,防止表面氧化、干裂、变形等现象的发生,能提供持久的自然光泽,是发动机高质量整饰护理中不可缺少的上光用品。

5. 金属保护剂

此类产品含有高分子氟化物,集聚合物与蜡质的双重功效于一身,使用后能在腐蚀物与金属之间形成一层无黏附性的高透明保护膜,有效阻止焦油、灰尘、油脂等有害物质的侵蚀。

3.4　轮胎清洁与护理用品

汽车轮胎清洁与护理用品主要分为清洁类产品和护理类产品,目的主要是清除轮胎上的污垢,保持轮胎的清洁、美容,延长轮胎的使用寿命,增强轮胎在日常使用过程中的安全性(图 3-2)。

轮胎清洁类产品主要有:轮胎清洗剂、轮胎沥青清除剂、轮胎划痕修复剂、轮胎泥沙松弛剂等。

轮胎养护类产品有:轮胎蜡、轮胎上光剂、轮胎养护剂、轮胎保养剂等。

图 3－2　轮胎光亮剂

3.5　玻璃清洗与护理用品

玻璃清洗与护理用品的主要作用是清除玻璃表面污垢,保持玻璃表面清洁透亮,减少车辆视线遮挡,保持驾驶员视线。

3.5.1　玻璃清洗用品

长期以来,许多人认为玻璃耐腐蚀性强,对车窗的清洗简单而随意,这是不科学的。实际上,在大气含有酸性气体的环境中,玻璃表面污染、粗糙和斑点腐蚀迹象用肉眼即可以观察到。如果用自来水进行清洗,由于自来水中有钙、镁离子,会在车窗玻璃表面留下模糊的涂层。长期使用自来水或劣质汽车挡风玻璃清洗剂将导致清洗效果差、汽车挡风玻璃腐蚀损坏、雨刷橡胶溶胀损坏、金属部件腐蚀、汽车漆污损等,严重时还会影响驾驶员视线导致交通事故。随着汽车工业与文化的发展,对车窗玻璃的清洗与养护要求也随之提高。经过专业清洗过的车窗玻璃,尤其是前风挡玻璃,透光明亮,能够使驾驶员拥有清晰的视野,提高行车安全。

汽车车窗清洗剂属于硬表面清洗剂中的一种,并且有着一定的特殊性。汽车车窗玻璃在平时难免会有油污和灰尘附粉,在冬天很容易结霜,而到了夏天又经常会有很多虫胶。这些都会影响驾驶员的正常驾驶,带来很多麻烦。玻璃清洗剂适用于玻璃及玻璃制品的清洗,其主要成分为表面活性剂、溶剂、色素和水。国家质量监督检验检疫总局于 2009 年发布了国家标准 GB/T 23436—2009《汽车风窗玻璃清洗液》,对玻璃清洗液的性能和质量进行了规范。

普通型玻璃清洗剂一般只具有去除玻璃表面尘污的作用。随着社会的发展,对玻璃清洗剂的要求也越来越高,在要求基本清洗能力的同时,还要求清洗剂功效齐全、对环境无害、节省清洗时间、简化清洁步骤等,赋予玻璃表面抗再次污染、快干、防雾、驱水和洗后不留痕等性能。多功能型的玻璃清洗剂除了具有清除玻璃表面污染的性能外,还能够在玻璃表面形成光亮薄膜,从而起到不挂水、不留痕、防雾和防止再污染的作用,使玻璃长久保持明亮光洁。

3.5.2　玻璃护理用品

玻璃护理用品通常具备特别效用,护理玻璃的同时提高汽车的驾乘舒适性。目前常见的玻璃护理用品有:防雨驱水剂、防雾剂、防冻型玻璃水等。

防雨驱水剂喷涂在风窗玻璃和后视镜表面,能够让水点凝聚成水珠,防止雨水沾附在玻璃上而造成视线模糊,大大增加了雨天行车的安全系数。当车速达到 60km/h 时,前风挡玻璃上凝聚的水珠便会自动被风从玻璃表面吹走,此时不需要开动雨刮,既延长雨刮片的寿命又提高行车安全。

防雾剂的配方中含有亲水性很强的成分,使用后铺展在玻璃上,能够使水雾迅速分散成透明镜面状态而达到防止起雾的效果。

防冻型玻璃水主要通过加入各种降低冰点的溶剂,使它在零度以下(有些产品可达 −30℃)也不会结冰,特别适合北方地区冬天在汽车风窗洗涤器中使用。

3.6　车内清洁与护理用品

现代汽车越来越注重内部的环境,为了保持一个良好的乘坐环境,保持车内的清洁和做好各项美容和护理工作非常重要,特别是装备有高档仪表、空调、音响、液晶显示器、各类电控装置,以及真皮座椅等的中高档轿车。车厢内部由于受到外界灰尘、水汽、烟雾、泥沙、人体汗渍及皮肤碎屑等不良因素的影响,车厢内饰中的地垫、真皮座椅、空调风口、后备箱等处会出现污渍、霉斑、真皮老化的现象,严重的还会滋生细菌,甚至产生难闻的气味,既影响身心健康又不利于驾驶心境。因此,汽车车室的清洁护理非常重要,一般每三个月应做一次全套车内专业护理。

车内清洁与护理用品比较丰富,主要包括清洁、养护、除味类产品。除味类用品主要有竹炭包、防雾剂、光触媒等;清洁类护理用品主要有汽车内饰清洁剂、内饰养护剂、内饰上光剂、内饰镀膜、真皮养护、真皮镀膜、仪表台清洁剂、仪表台上光剂、桃木养护产品等。

清洁汽车不同材质的内饰部件时,最好使用专用于该物件或最相称的清洁剂。不同的内饰清洁用品混合后,可能产生有害物质,而某些化学成分混合后,可能会释放有毒气体。将清洁剂加温,如放入蒸汽清洗机内使用,也会产生有害气体。因此,除非产品包装上注明特别的混合比例或配合机械的使用方法,否则切勿随意混合或加温使用内饰清洁用品,以免发生化学反应,产生有害物质。

3.7　塑料件清洁与护理用品

塑料件清洁护理类产品主要用于汽车的塑料件保护,防止塑料部件的老化和无光泽的清洁,主要产品有塑料件清洁剂、塑料件上光剂、塑料件保护镀膜剂等。

1. 塑料件清洁剂

能有效去除塑料件上的黑色鞋印、圆珠笔印等顽固污渍。使用时只需将塑料件清洁剂喷到污渍处,然后用软毛刷配合毛巾清洗污渍,直至污渍去除。最后用干净的湿毛巾擦拭清洗过的部位。

2. 塑料件上光剂

塑料件上光剂一般同时具有修复功能,能有效修复还原塑料件表面因日晒雨淋、老化或者化学腐蚀而导致的退色泛白,使之回复原有的光泽。塑料件上光剂的操作使用十分简便,只需将需要修复的塑料件表面清洗擦拭干净,随后将塑料件上光剂均匀地涂抹在塑料件表面,保持一小时之内不冲洗修复涂抹的部位即可。

3. 塑料件保护镀膜剂

塑料件的镀膜保护,多用于未喷漆塑料件表面,形成一层保护膜,防止塑料件老化,保持塑料件固有的质感,使其焕发自然的亮泽。塑料件保护镀膜剂的使用方法很简单,首先清理干净塑料件的表面,然后涂抹塑料件保护镀膜剂,用海绵将塑料件保护镀膜剂均匀擦拭在准备保护的部位即可,固化后自然形成一层保护膜。需要注意的是,镀膜剂不宜涂抹过多,不宜在阳光直射下使用。

3.8　汽车养护美容工具和设备

汽车养护美容作业要求按照不同部位不同材质所需的养护美容条件,用专业养护美容设备,采用不同的汽车美容护理产品及施工工艺,对汽车进行的养护美容。针对汽车养护美容不同的作业项目,应该选用不同的美容设备、工具及用品。汽车养护美容常见的设备和用品包括洗车器、空气压缩机、水枪和气枪、抛光机及其附件、水电气鼓以及其他汽车美容小工具。

3.8.1　洗车器

洗车器用于汽车外表、发动机、底盘以及车轮等的清洗。洗车器有家用便携自助式洗车器、专业高压汽车清洗机和泡沫清洗机。

1. 家用便携自助式洗车器

如图3-3所示,家用自助式洗车器通常由一个装水的桶、加压装置、出水管、带毛刷的喷嘴组成。加压装置又分为手动加压和电动加压两种。手动加压的洗车器出水压力比较低,其优点是方便、节水,缺点是清洁去污能力比较弱。电动加压的洗车器内装一个电动水泵,它可以通过接驳汽车上的点烟器获取电源,获得比较高的出水压力。

2. 专业高压汽车清洗机

专业高压汽车清洗机使用普通水源,通过其内的电动水泵加压,输出的水流压力在0.2~1.2MPa范围内,并可以按需要进行调节。压力大时,能将黏附于底盘上的泥土冲洗下来。而冲洗风挡玻璃和钣金部分时,水压可适当调小,以免造成损伤。

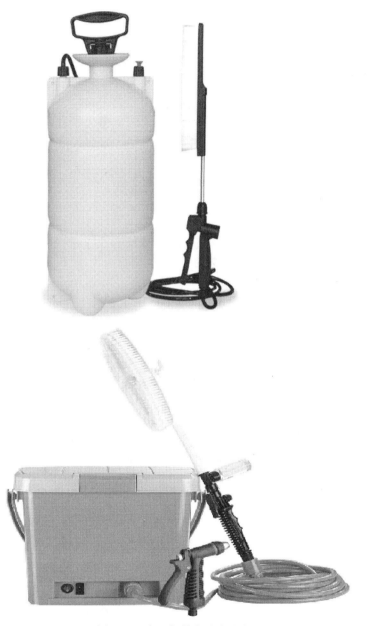

图3-3 家用便携自助式洗车器

专业高压汽车清洗机分为高压冷水清洗机和高压冷/热两用清洗机。前者用于气温较高的南方一带,后者除了提供常温的高压水外,还增加了电加热装置,输出高压水的温度可调节,清洁效果更好,但能耗大,一般仅适于冬季寒冷的地区使用。

高压清洗机的种类很多,性能和价格差别都比较大。

3. 泡沫清洗机

泡沫清洗机与高压清洗机的不同之处在于它输出的水不但可以增压(输出压力约为0.1~0.5MPa),而且还能加入专用的清洗剂,再通过压缩空气(由空气压缩机提供),使清洗剂泡沫化,然后从泡沫喷枪喷出。泡沫清洗机将泡沫状的清洗液均匀地涂敷于车身外表,通过化学反应,起到除尘和去油污作用。

使用泡沫清洗机时在清洗剂内加入了强力发泡剂(一种阴离子活性剂)和助洗剂,在压缩空气的搅动下产生丰富的泡沫。浓稠的泡沫容易捕集污垢粒子,使油污溶解于泡沫的外表,减少了油污的沉积,增强了去污能力,使清洗剂发挥最大的效用。泡沫清洗机的工作压力为1~2.5bar,分为气动和电动两大类。

3.8.2 空气压缩机

空气压缩机是汽车美容护理以及维修的通用设备,应用范围很广。空气压缩机在汽车美容护理方面主要用于提供压缩空气源,以带动汽车美容护理作业中使用到的气动设备,确保它们能有效地工作。本节后面提到的各种气动工具,比如研磨、抛光和除尘工具等都要用到压缩空气,发动机和变速器的免拆清洗也需要压缩空气。

空气压缩机分为单级式和双级式两种,主要性能指标为空气压力、每分钟的压缩空气量和消耗功率。对于单级式来说,输出的压力一般为0.7~0.8MPa左右,双级式则可将输出压力提高到1~3MPa。汽车美容作业一般选用压力1.0~1.2MPa、供气量0.11~0.22m³/min便可。空气压缩机工作时噪声较大,应注意做好消声降噪的工作(图3-4)。

图3-4 空气压缩机

3.8.3 水枪和气枪

水枪和气枪分别是与高压清洗机和空气压缩机配套使用的,是重要的汽车清洗设备。水枪和气枪的种类都比较多,有的带快速接头,可作快速切换;有的带长短接杆,更方便使用。

水枪常常作为高压清洗机的配套附件。高级的水枪带水压和水形调节,高压水枪在汽车清洗中的应用,不但提高了清洗作业的质量,极大地保护漆面,同时也提高了清洗作业的效率,使用起来十分方便(图3-5)。

气枪在设计上须考虑使用方便、顺手,同时还要具有一定的消音功能,抗摔,耐用性要好。枪头的材料有金属和塑料两种。塑料枪头能够防止划伤汽车车身。气枪通常为外购件,常见的气枪外形如图3-6所示。

图 3-5　常见的水枪及喷头

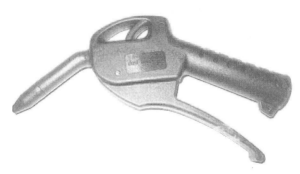

图 3-6　气枪

3.8.4　抛光机及其附件

抛光机也称为研磨机,用于汽车美容作业的研磨、抛光及还原。在抛光机上安装研磨盘、抛光盘或者还原盘,即可用于完成研磨、抛光或者还原作业。

1. 抛光机

抛光机(图 3-7)有以下几种分类方法:

(1) 按动力来源分,抛光机有气动式和电动式两种。气动式抛光机工作比较安全,但需要气源;电动式抛光机容易解决动力源问题,但一定要注意用电和使用安全。

(2) 按功能分,抛光机有双功能工业用磨砂/抛光机和简易型抛光机两种。

双功能工业用磨砂/抛光机能安上砂轮打磨金属材料,又能换上抛光盘做车漆护理。这种抛光机的优点是工作时运转平稳、转速可以调节、不易损坏,缺点是重量较重,使用相对比较费力,适合专业美容护理人员使用。

简易型抛光机实际上是钻机,体积小,转速不可调,使用时难掌握平衡。专业美容护理人员一般不使用此类机型。

(3) 按转速分,有高速抛光机、中速抛光机和低速抛光机三种。高速抛光机转速为 1750~3000r/min,转速可调;中速抛光机转速为 1200~1600r/min,转速可调;低速抛光机转速为 1200r/min,转速不可调。

图 3-7　抛光机

2. 抛光机的主要附件

抛光机的主要附件是抛光盘。抛光盘安装在抛光机上与研磨剂或抛光剂共同作用完成研磨/抛光作业。

1）抛光盘的分类

按抛光盘与抛光机的连接方式可分为以下两种:

（1）螺接盘:适用于带有螺丝接头的抛光机。

（2）吸盘:适用于带有吸盘的抛光机。抛光机的机头用螺钉固定一个硬质塑料底盘（也称为托盘），底盘的工作面可粘住带有尼龙易粘平面的物体。使用时可以根据需要选择各种吸盘式的抛光盘,只需将抛光吸盘贴在托盘上即可,使用起来极为方便。

2）抛光盘的材料分类

（1）羊毛抛光盘。

羊毛为传统式切割材料,研磨能力强、功效大,研磨后会留下旋纹。羊毛抛光盘一般用于普通漆的研磨和抛光,遇到透明漆时要谨慎使用。羊毛抛光盘一般分白色和黄色两种,抛光盘底部有自动粘贴实现抛光盘的快速转换。

一般白色羊毛抛光盘切削力强,能去除漆面严重瑕疵,配合较粗的抛光剂可以达到快速去除桔皮或修饰研磨痕;黄色羊毛抛光盘切削力较白色羊毛抛光盘弱,一般配合细抛光剂做抛光漆面、去除漆面抛光痕及轻微擦伤痕。

羊毛抛光盘须定期用梳毛刷或空气喷嘴清洁羊毛轮,清除羊毛抛光盘中粘附的杂质。作业时如果羊毛轮被堵塞,应将其拆下换装上一个干净的羊毛轮,然后再继续进行打磨。冲洗羊毛抛光盘时必须使用温水,千万不要用烫水、强烈碱性去垢剂或溶剂冲洗。羊毛抛光盘最好用空气干燥,不要用机器进行干燥(图 3-8)。

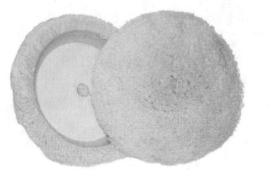

图 3-8　抛光盘

（2）海绵抛光盘。

海绵抛光盘切削力较羊毛抛光盘弱,施工后不会像羊毛盘那样留下旋纹,能有效去除中度漆面的瑕疵。海绵抛光盘既可用于车身普通漆,也可用于透明漆的研磨和抛光,一般用于羊毛抛光盘之后的抛光、打蜡之用。

海绵抛光盘用颜色来区分用途,一般有以下三种:

黄色盘:一般做研磨盘,质硬,用以消除氧化膜或划痕。

白色盘:一般做抛光盘,质软、细腻,用以消除发丝划痕或抛光痕。

黑色盘:一般做还原盘,质软、柔和,适合用于车身为透明漆的抛光和普通漆的还原。

海绵盘按形状可分为以下三种:

直切型:速度快、热能大、灵活。

平切型:面积大、散热好、比较平稳。

波纹型;工作液不易飞溅。

3.8.5　水电气鼓

水电气鼓是专业卷管装置,用于收放水、电、气管线,避免凌乱。专业的汽车美容店常常将水电气鼓悬挂在操作工位附近的天花板下,方便使用(图3-9)。

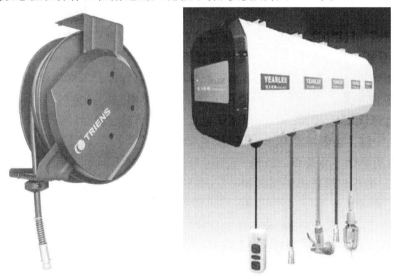

图 3-9　水电气鼓

3.8.6　其他汽车美容小工具

其他汽车美容小工具包括内饰清洁海绵、车体保护胶带、轮毂轮胎清洁刷和内饰清洁刷等。

1. 内饰清洁海绵

海绵用途广泛,可用于各种去除表面污渍的场合,是汽车内饰清洁美容必不可少的用品(图3-10)。

2. 车体保护胶带

当使用补漆产品修补汽车的时候,为了防止操作不当将漆料喷涂到不要修补的地方,可用车体保护胶带将划痕两边贴好,或者用车体保护胶带将报纸粘贴覆盖在不需要喷涂的地方,然后就可以放心的修补汽车而不用担心油漆喷涂到其他地方(图3-11)。

图 3-10　内饰清洁海绵

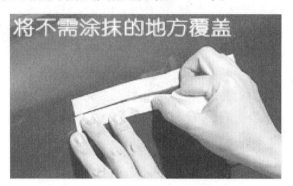

图 3-11　车体保护胶带

3. 轮毂轮胎清洁刷

为了能够清洁轮毂、轮胎和刹车盘表面的各种拐角处,轮毂轮胎清洁刷通常是硬毛型,以便能够有效清洁这些地方难以去除的污垢。现在的轮毂轮胎清洁刷大都采用人体工学设计,造型流畅,手感舒适,方便清洁作业(图3-12)。

图 3-12　轮毂轮胎清洁刷

4. 内饰清洁刷

汽车内饰缝隙比较多,容易藏污纳垢。内饰清洁刷就是专门用于清洁内饰缝隙内污垢尘屑的小工具,也称边缝刷,通常采用较长的硬毛,刷体扁平(图3-13)。

图 3-13　内饰清洁刷

复习思考题

1. 汽车的养护美容用品有哪些分类？
2. 外部美容洗车用品有哪些产品？各自的用途是什么？
3. 漆面镀膜用品有哪些产品？各自的用途是什么？
4. 发动机外部清洁与护理用品有哪些产品？各自的用途是什么？
5. 轮胎清洁与护理用品有哪些产品？各自的用途是什么？
6. 玻璃清洗与护理用品的用途是什么？
7. 车内清洁与护理用品有哪些产品？各自的用途是什么？
8. 常用的汽车养护美容工具和设备有哪些产品？各自的用途是什么？

第4章

汽车电子电器用品

【学习目标】

1. 了解汽车电子电器用品主要包含哪些产品。

2. 掌握行车记录仪的分类及工作特点。

3. 了解车载数字电视盒的四种不同制式。

4. 了解使用车载蓝牙的方法和选配车载蓝牙时需要注意的事项。

5. 了解车载空气净化器的分类和工作特性。

6. 了解不同制冷方式车载冰箱的性能特点。

7. 了解车载导航仪的种类及功能特点,掌握如何区分车载导航仪性能优劣。

8. 掌握倒车雷达的性能指标和安装方式。

9. 了解车载剃须刀、车载加热/保温杯、车载保温箱、车用电扇、车载吸尘器、车载充气泵、车载充电器、车载逆变器、汽车跟踪器、汽车防盗器、车载智能感知器等汽车电子电器用品的产品特点以及工作特性。

【本章重点】

1. 各种汽车电子电器用品的性能特点。

2. 各种常用的汽车电子电器用品的用途和使用方法。

早期的汽车属于机械产品,而现代汽车在很大程度上属于电子电器产品。一方面汽车上配置的电子电器装备越来越多,在整车中占比越来越大;另一方面,可供选择配置的汽车电子电器用品的种类也非常丰富,并且随着科技的发展而不断丰富和演变。本章重点介绍后一类,即可供选择配置的汽车电子电器用品。

当前汽车电子电器用品主要包括:行车记录仪、车载剃须刀、车载数字电视盒、车载蓝牙、车载空气净化器、车载加热/保温杯、车载冰箱、车用电扇、车载吸尘器、车载充气泵、车载充电器、车载逆变器、车载导航仪、倒车雷达、汽车跟踪器、汽车防盗器、车载智能感知器等。这些用品极大地提升了汽车的驾乘舒适性,丰富了汽车用途和文化内涵。

4.1 行车记录仪

随着电子摄录技术的发展和普及,能够记录汽车行驶过程中的视频图像和声音,为交

78

通事故等提供影像及声音等相关证据的行车记录仪应运而生。行车记录仪边行车边摄录声音和图像,既可以用来记录行车过程的沿途风光和趣闻趣事,也可以在发生交通事故时录下当时的影像,为事故责任的准确认定提供有效证据,防止责任错认,更防止借事故而实施敲诈勒索的行为。部分行车记录仪还可以作为停车监控设备,记录盗抢和损毁汽车的行为(图 4-1)。

图 4-1　行车记录仪

1. 分类

行车记录仪的种类很多,有不同的分类方法。

(1) 按装配效果分类,行车记录仪主要分为便携性行车记录仪与后装车机一体式 DVD 行车记录仪两大类。

便携性行车记录仪又分为后视镜行车记录仪与数据行车记录仪,这类记录仪具有隐蔽性好、安装方便、可拆卸更换、成本低、使用简单等特点。

后装车机一体式 DVD 行车记录仪一般是专车专用,又分为前装和后装两种。这种行车记录仪安装难度较大,成本也比较高,但是安装之后与汽车的整体协调性比较好,可以保持车内环境的美观。

(2) 按摄像头数分类,有 1 路、2 路、3 路、4 路行车记录仪。

(3) 按外观及功能分类,有高清行车记录仪、迷你行车记录仪、夜视行车记录仪、广角行车记录仪、双镜头行车记录仪、多功能一体机、眼镜式多功能行车记录仪等。

(4) 按屏幕尺寸分类,目前的行车记录仪有 1.5 寸、2.0 寸、2.4 寸、2.5 寸、3 寸、3.5 寸、4.3 寸等。

(5) 按内存容量分类。一般行车记录仪没有内置内存,靠内存卡扩展或者移动数字硬盘存储信息。SD 卡目前的容量通常有 2GB、4GB、8GB、16GB、32GB 等,移动硬盘目前常用的容量为 250GB、500GB、1000G/TB 等。存储容量越大,价格越高,一般按行车记录仪录像的清晰度及记录储存时长来决定购买配置合适容量的 SD 卡或者移动硬盘。

(6) 按视频像素分类,目前的行车记录仪有 30 万像素、130 万像素、200 万像素、500 万像素等。有些行车记录仪标注为 1200 万像素,通常是指静态拍照,而并非视频像素值。

(7) 按摄像头拍摄的角度分类,一般有 90°、120°、140°、150°、170°等。主流的单镜头行车记录仪通常配备120°或者140°的广角镜头。单镜头基本达不到170°的广角,否则会严重变形从而影响画面的清晰度。

2. 选配

选配行车记录仪时主要考虑以下因素:外观、操作、拍摄角度、视频分辨率、缓存、可否手动关闭录音、紧急录影功能、存储卡等。

1)外观

挑选行车记录仪的时候,既要考虑行车记录仪的美观,更要挑选体积小巧的。在欧美日韩,已经明文禁止安装使用摄像头与显示屏一体化的行车记录仪。因为在车头设置过大的电子产品会造成行驶盲区,产生驾驶隐患。许多行驶记录仪采用隐藏式安装设计,既能消除驾驶隐患,又能保持车厢内原有的风格与美观。

2)操作

行车记录仪的操作是否方便很重要。智能化的行车记录仪更加易于操作。

3)摄像角度

行车记录仪的摄像角度大多在100°左右,这个角度基本能够保证将车辆两边的车道都拍进去。摄像角度越大,拍摄的范围越宽,成本也相应提高。

4)视频分辨率

视频的分辨率越大,图像越清晰,同时需要的存储空间也越大。选择视频分辨率为1280×720时,基本能够保证所拍摄的前车牌照等能看清楚。

5)缓存

缓存的大小对于视频的流畅性和存储卡的兼容性影响较大,应选择尽量大的缓存。

6)夜视效果

行车记录仪的夜视效果是指在低光亮度条件下的拍摄性能和效果。WDR(Wide Dynamic Range)宽动态范围行车记录仪能够同时将场景中特别亮的部位和特别暗的部位同时拍得很清楚,夜视效果自然清晰。

需要提醒注意的是,带补光灯的行车记录仪通常是劣质产品。因为再强的补光灯也照不到路上,不能起到什么实际作用,只是给产品宣传增加噱头,糊弄不懂实情的买家。

7)可否手动关闭录音

为了避免录下不该录下的私密谈话,有些行车记录仪有一键静音的功能。摁下此键,行车记录仪只录影不录音,保护车内谈话的私密性。

8)紧急录影功能

行车记录仪是循环录影的,后面录的内容覆盖前面录的内容。如果行车记录仪有手动紧急录影功能,对于一段重要的影像,只需按一个键,就会强制保存这段视频,而在卡存满时不会被自动删除。有些行车记录仪带自动紧急录影功能,当重力传感器监控到车体猛烈震动时,自动保护这段视频不被覆盖删除,这对于车辆发生碰撞事故时保存证据非常有利。

9)存储卡

行车记录仪录制的视频文件非常巨大,高清视频每分钟高达近百兆,因此行车记录仪对存储卡写入的速度有着很高的要求。如果存储卡是低速卡,会导致行车记录仪死机。

除了以上几点需要在购配时注意外,开车自动录、熄火自动关闭、自动覆盖等都是行车记录仪应该具备的基本功能。

4.2　车载剃须刀

车载剃须刀与普通剃须刀的区别是配有到点烟器的充电电源线,可以在车内插电后直接用,或者使用车载电源(12V 或者 24V)充电后使用。有些插电后直接使用的车载剃须刀因为依赖车内电源,只能在车里使用(图 4 - 2)。

图 4 - 2　车载剃须刀

4.3　车载数字电视盒

数字移动电视以数字技术为支撑,通过无线数字信号发射、地面数字接收的方式播放和接收电视节目。它能够支持在 120km/h 以下的交通工具上收看电视节目并保持电视信号的稳定和清晰。车载数字电视盒就是用于收看数字移动电视的终端设备之一,配合车载液晶屏,就可以在行驶中接收信号观看电视节目。

目前数字移动电视有 CMMB、DVB - T、ATSC 和 ISDB - T 四种不同制式。

CMMB 是英文 China Mobile Multimedia Broadcasting 的缩写,即“中国移动多媒体广播电视”。CMMB 主要向手机、PDA 等便携手持终端以及车载电视等终端提供广播电视服务。CMMB 的主要特点是:

(1) 可提供数字广播电视节目、综合信息和紧急广播服务,实现卫星传输与地面网络相结合的无缝协同覆盖,支持公共服务。

(2) 支持在汽车、火车、轮船、飞机上的手机、PDA、MP3、MP4、数码相机、笔记本电脑等小型接收终端接收视频、音频、数据等信号。

(3) 采用具有自主知识产权的移动多媒体广播电视技术,系统可运营、可维护、可管理,具备广播式、双向式服务功能,可根据运营要求逐步扩展。

(4) 支持中央和地方相结合的运营体系,具备加密授权控制管理体系,支持统一标准和统一运营,支持用户全国漫游。

(5) 系统安全可靠,具有安全防范能力,具有良好的可扩展性,能够适应移动多媒体广播电视技术和业务的发展要求。

(6) 广电总局在推广 CMMB,开通 CMMB 移动电视的城市越来越多。

DVB - T 是指数字地面电视广播系统标准,也称为欧洲标准,简称欧标。地面数字电视发射的传输容量理论上与有线电视系统相当,地区覆盖性好。目前大部分省会城市和一些大中城市开通了 DVB－T 数字电视信号服务,运用于公交电视、地铁电视、车载电视等。DVB－T 数字电视开通的一般都是公众频道,大多数城市 DVB－T 电视节目是交通、旅游、娱乐以及新闻等内容,不收费。

ATSC 是英文全称 Advanced Television Systems Committee(先进电视制式委员会)的缩写。委员会属于美国,通过的 ATSC 数字电视国家标准是美国的数字电视国家标准,简称美标。ATSC 数字电视标准由四个分离的层级组成,层级之间有清晰的界面。最高为图像层,确定图像的形式,包括像素阵列、幅型比和帧频。接着是图像压缩层,采用 mpeg－2 压缩标准。再下来是系统复用层,特定的数据被纳入不同的压缩包中,采用 mpeg－2 压缩标准。最后是传输层,确定数据传输的调制和信道编码方案。

ISDB－T 是指综合业务数字广播-地面传输,是日本确定的数字地面广播制式,简称日标。ISDB－T 不限于单独传输数字电视(图像和伴音),也包括了独立的声音和数据广播,这几者可以单独存在或任意的组合,构成在带宽 6MHz 内的一路节目或多路节目。ISDB－T 系统包括发送部分和接收部分,发送部分的输入是信源编码的输出,输出是加给发射机输入端的中频调制信号,在发射机内上变频成射频信号并经功放后去往馈线和天线。

因此,在选配车载数字电视盒时须注意其支持的信号制式,是否与汽车时常活动区域的信号制式匹配。目前国内常用的信号制式为 CMMB 和 DVB－T(图 4－3)。

图 4－3　车载数字电视盒

4.4　车载蓝牙

驾驶过程中拨打或者接听电话是非常危险的行为,因此受到交通法规的严格禁止。但是在驾车途中有些重要的电话又必须拨打或者接听,解决这一矛盾的利器就是车载蓝牙。车载蓝牙是以无线蓝牙技术为基础的车内无线免提系统,能够在正常行驶中用蓝牙技术与手机连接进行免提通话,使得驾驶通话两不误,有效降低交通安全隐患(图4-4)。

图4-4　车载蓝牙

随着多种技术的发展和应用,车载蓝牙产品的功能也越来越丰富,可供选择的范围也越来越大。车载蓝牙最基本的功能是只需轻按一个键或者通过语音控制就可以接听电话,从而提高了驾车的安全性和便捷性。车载蓝牙可以通过车上的音响或蓝牙无线耳麦进行通话。若选择通过车上的音响进行通话,当有来电或拨打电话时,车上音响会自动静音,通过音响的扬声器/麦克风进行话音传输。若选择蓝牙无线耳麦进行通话,只要耳麦处于开机状态,当有来电时按下接听按钮就可以实现通话。目前许多车载蓝牙系统支持电话会议,可同时连接多部电话,大大提高了行车安全性。

因为蓝牙对人体的电磁波辐射比直接手持电话对人体的电磁波辐射要低很多,使用车载蓝牙的另一个好处就是健康。

使用车载蓝牙的方法:①首先开启将要匹配的手机蓝牙;②用车载蓝牙寻找手机蓝牙;③搜索成功后会显示当前设备名称;④连接设备后会提示输入密码进行匹配;⑤连接成功后,退出即可。

选配车载蓝牙时需要注意以下几点:

(1)注意手机是否支持蓝牙,这是使用车载蓝牙系统的前提条件。蓝牙版本确定车载蓝牙的兼容性,高级版本的设备可以兼容下级产品,但是低级的蓝牙版本不能往上兼容。

(2)有些车载蓝牙使用车载电源,有些车载蓝牙使用锂电池。使用锂电池的车载蓝牙需要考虑蓝牙的待机时间。

(3)有些车载蓝牙能兼容全部机型的手机,有些车载蓝牙只兼容特定机型的手机。因此在选配车载蓝牙时,一定要注意手机机型兼容性的问题。

4.5　车载空气净化器

空气污染严重危害人的健康。汽车车厢内部空气的洁净度是影响驾乘舒适性的一个非常重要的指标。车载空气净化器,就是专用于净化、清除汽车车厢内空气中的异味、有毒有害气体、细菌病毒等车内污染的空气净化设备,又称为车用空气净化器。

车载空气净化器通常由负离子发生器、微风扇、空气过滤器等系统组成。车载空气净化器内部的微风扇使车厢内空气循环流动,空气通过净化器内的空气过滤器时各种污染物被清除或吸附。过滤后的空气经过装在出风口的负离子发生器时被不断电离从而产生大量负离子,被微风扇送出,形成富含负离子的新鲜空气流。车厢内的空气因此被净化并含有有益于人体健康的负离子。

车载空气净化器的类型按功能划分主要有滤网吸附式车载空气净化器、静电集尘式车载空气净化器、臭氧杀菌式车载空气净化器、负氧离子式车载空气净化器、光触媒式车载空气净化器等。

滤网吸附式车载空气净化器采用风扇强制换气,利用多孔性滤材,如活性碳、滤纸、纤维、泡棉等对空气中的悬浮颗粒、有害气体进行吸附过滤。这种车载空气净化器可以有效过滤悬浮物和少量有害物质,对臭味异味、病原菌、病毒、微生物及装饰材料造成的空气污染有一定作用,结构比较简单。

静电集尘式车载空气净化器用纤维状活性炭滤网及静电滤尘网进行净化空气。静电滤尘网是在无纺布纤维内植入正负电荷,使布面上充满高压静电,用来吸附空气中的悬浮粒子,使空气中有害人体健康的微粒在通过滤网时被吸附。然后,由活性炭过滤器吸收异味,净化后的空气再回到了车厢内。这种净化器的净化效果和净化效率会随着悬浮微粒的累积增加而递减,所以需要经常清洗滤尘网和集尘板,维护成本较高。

臭氧杀菌式车载空气净化器。臭氧是一种强氧化剂,在一定浓度下能与细菌或者病毒等微生物产生氧化反应从而杀灭细菌或者病毒。臭氧消灭病菌较彻底,能够达到改善车内空气质量的效果。但要注意车厢内臭氧的浓度。如果臭氧浓度过高,会产生二次污染,对人体健康产生危害。

负氧离子式车载空气净化器利用高压放电、对空气中氧原子进行电离,产生负氧离子。负氧离子具有十分活泼的化学特性,能迅速与空气中其他化合物结合,使其形成新形态的氧化物,进而使某些气态物质转化为晶态物从而达到净化空气的目的,使空气清新自然。负氧离子式车载空气净化器能有效清除空气中的阳离子烟雾、酸性气体、一氧化碳及各种有机物微粒。负氧离子浓度越高,空气给人感觉越清新。

光触媒式车载空气净化器是将附着在有效介质上的纳米级二氧化钛颗粒(光触媒)通过紫外线的照射,产生一种"电子—空穴"对(一种高能粒子),这种"电子—空穴"与周围的水、氧气发生作用后具有极强的氧化—还原能力,能将空气中甲醛、苯等污染物直接分解成无害无味的物质,同时还能够破坏细菌的细胞壁,杀灭细菌并分解其丝网菌体,从而达到消除空气污染的目的。

4.6　车载加热/保温杯

车载加热/保温杯是可以利用车载电源进行加热和保温的水杯。根据材质、容积、加热温度和外观,车载加热/保温杯有很多种类(图 4-5)。

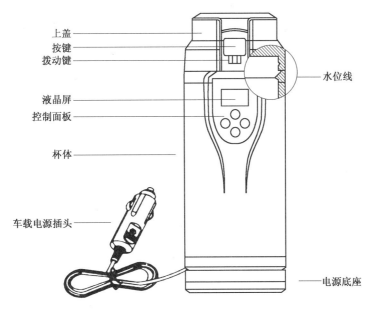

上盖

按键

拨动键

液晶屏

控制面板

杯体

车载电源插头

水位线

电源底座

图 4-5　车载加热/保温杯

4.7　车载冰箱和车载保温箱

车载冰箱就是指可以在汽车上携带的冷藏器具,用于在汽车上冷藏食品饮料等。车载冰箱只需将电源插头插入点烟孔,即可给冰箱降温(图 4-6)。

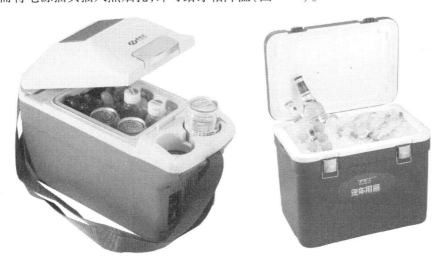

（a）车载冰箱　　　　　　　　　　　　　　　　（b）车载保温箱

图 4-6　车载冰箱和车载保温箱

车载冰箱目前主要有两种。

一种是半导体制冷车载冰箱,又称车载冷暖箱,它的工作原理是靠电子芯片制冷,利用特种半导体材料构成的 P－N 结,形成热电偶对,产生珀尔帖效应,即通过直流电制冷的一种新型制冷方法。半导体冰箱有制冷和制热两项功能:在制冷方面,一般是低于环境温度 10~15℃,而其制热温度却能够高达 65℃。由于不采用压缩机,半导体冰箱还有节能环保、无噪声、轻便等优点,缺点是制冷效率不高、制冷温度受环境温度影响、无法达到零度以下,且容量较小。因为制冷效果有限,所以在将食品饮料放入半导体车载冰箱前,需先放到家用冰箱(压缩机制冷)降温后才能获得比较好的冰镇效果。

另一种是压缩机式车载冰箱。压缩机是家用冰箱的传统技术,优点是:制冷温度可以达到零度以下、制冷效率高、能制冰、保鲜、制冷容积大;缺点是:重量大、体积大、耗电量大、有一定的噪声。

还有一种"充电式车载冰箱",就是在能源供给上既可以采用家用 220V 交流电,又可以使用车载 12V 直流电,也可以在无电源的情况下利用自身蓄电继续制冷工作。这种车载冰箱的优点是解决了车载冰箱不能停电使用的问题。

车载保温箱与车载冰箱不同,它不通电,没有制冷和加热能力,只具备将箱体内物品温度保持的功能,是一种冷藏和保温用具。车载保温箱保温时间的长短由保温箱保温隔热层的性能和箱内所储存物品的数量所决定。车载保温箱采用 EPS 硬发泡作为隔热层的,其保温效果一般,而采用 PU 软发泡填充作为隔热层,其保温效果要好得多。

4.8 车用电扇

虽然汽车上有通风装置,但是仍然有人在车上另外配置电扇,通过点烟器取电,用于车内局部通风散热、除霜去雾或者加热取暖。如果车用电扇是带加热取暖功能的,需要注意加热时的电流是否超过点烟器的额定电流值,若超过则需从汽车蓄电池直接取电(图 4－7)。

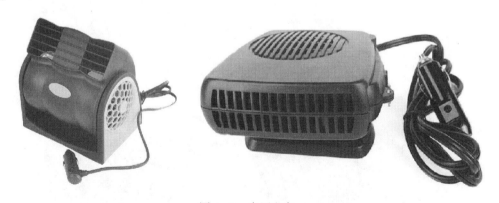

图 4－7　车用电扇

4.9 车载吸尘器

车载吸尘器就是放在车上使用的吸尘器,用于清理车内的纸皮碎屑,让汽车保持整洁干净。车载吸尘器工作电压为 12V,通过点烟器取电,有 3m 以上长度的电线,以便能够在汽车每个角落吸尘。

　　按车载吸尘器的功率来分类,有大于 300W、100~300W 和小于 100W 三挡。功率大的车载吸尘器吸尘效果好,但是相应的工作电流以及耗电量也大。在选配吸尘器之前应先查明点烟器的额定电流是否能够承载吸尘器的启动和工作电流。如果汽车大部分时间是在市内行驶,灰尘不多,选择功率小一点的吸尘器即可(图 4-8)。

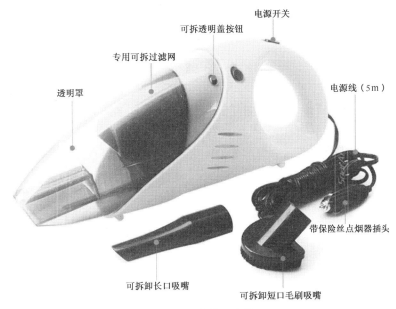

图 4-8　车载吸尘器

4.10　车载充气泵

　　汽车轮胎如果充气不足,一方面会造成额外的磨损;另外一方面,轮胎会因为侧壁承受过大的压力而造成损坏。因此,随时保持汽车轮胎的气压正常非常重要。标准的轮胎气压一般都会标在油箱盖的内侧或车门的侧面(图 4-9)。

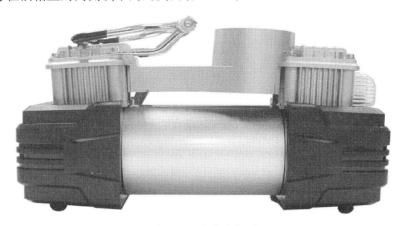

图 4-9　车载充气泵

车载充气泵就是输入电源为12~15V,利用车载电源对汽车轮胎进行充气的电器。车载充气泵一般有两种电源接入方式:①点烟器接入,一般为单缸充气泵,功率小,适合于小型车辆使用;②蓄电池接入,一般为双缸充气泵,功率较大,适合于大型车辆使用。

使用车载充气泵时须注意:①因为靠蓄电池供电,使用车载充气泵时最好让发动机运转,以及时补充蓄电池电力;②通常车载充气泵功率比较小,充气效率也比较低,不适合用于给轮胎大量充气;③不要连续给多个轮胎充气,否则会导致机器过热烧坏车载充气泵内部零件。

4.11　车载充电器

随着数码产品的丰富和普及,保证及时供电的问题变得越来越突出越来越重要。车载充电器能够将汽车蓄电池的直流12V电压转换成直流5V电压,由USB接口输出,配合数码产品的数据线,就能为数码产品进行充电(图4-10)。

现在的车载充电器通常有1~2个USB接口,可同时为1~2台数码产品充电。

图4-10　车载充电器

4.12　车载逆变器

车载逆变器又称为车载电源转换器,能够将汽车蓄电池的12V(或者24V)直流电转变成220V的交流电,给各种适配于家用电源的电器提供电源(图4-11)。

图4-11　车载逆变器

在汽车上配置了车载逆变器后,就能在汽车内使用各种电器,如:照明灯、电动剃须刀、CD 机、游戏机、电动工具、车载冰箱及各种急救电器等,也能够给手机、笔记本电脑、数码摄像机和照像机等充电。

4.13　车载导航仪

4.13.1　GPS 车载导航仪

GPS(Global Positioning System,全球定位系统)是由美国提供,由地球上空的 24 颗 GPS 卫星组成,覆盖地球 98% 的表面,能够在全球范围内实时进行定位、导航的系统,目前广泛应用于汽车导航。

GPS 车载导航仪就是能够帮助驾车者准确定位当前位置,并且根据既定的目的地计算行程,通过地图显示和语音提示两种方式引导驾车者正确选择行车路线的汽车驾驶辅助设备。

GPS 车载导航仪包括两个组成部分:一个是全球定位系统 GPS;另一个是汽车导航系统。GPS 系统能够接收 GPS 卫星发送的数据,计算出用户的三维位置、方向以及运动速度和时间方面的信息。导航系统包含有硬件设备、电子地图和导航软件,能够依据 GPS 定位和电子地图计算规划行车路线进行实时导航。一部完整的 GPS 车载导航仪是由芯片、天线、处理器、内存、显示屏、扬声器、按键、扩展功能插槽、电子地图、导航软件 10 个主要部分组成。

GPS 车载导航仪(图 4 - 12)的功能优劣主要取决于以下几方面:

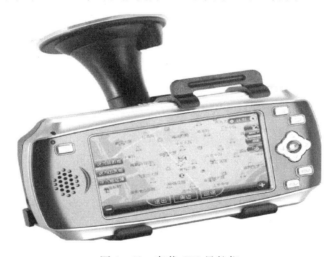

图 4 - 12　车载 GPS 导航仪

(1) 导航仪接收 GPS 卫星信号的强弱。导航仪能接收到的有效卫星数量越多,它的信号越强,导航工作的状态也就越稳定。

(2) 电子地图的版本。电子地图的版本越新、道路状况越清楚,导航越准确。

(3) GPS 车载导航仪的硬件和软件配置。硬件主要指 CPU 计算能力和内存大小,软件指导航软件的版本。

（4）显示屏尺寸。显示屏越大，导航效果越好。

GPS 车载导航仪的常用功能主要有：

（1）在操作终端上搜索要去的目的地位置。

（2）记录常去地方的位置信息。

（3）查询附近或某个位置附近的服务网点信息(如超市、加油站、宾馆、电影院等)。

（4）根据汽车目前的位置和设定的目的地自动规划行车线路。

（5）可以在设定是否经过某地、是否避开高速等条件下规划行车线路。

（6）语音导航：用语音提前向驾驶者提供限速、雷达测速、路口转向等行车信息。

（7）画面导航：显示器上会显示地图，以及汽车目前位置、行车速度、到目的地的距离、规划的路线、路口转向提示等行车信息。

（8）重新规划线路：如果没有按规划的线路行驶或者走错路口，导航系统会根据汽车当前位置重新规划一条新的行车线路。

4.13.2　车载 DVD 导航

DVD(Digital Versatile Disc)，意为"数字多功能光盘"，是当前通行的影音娱乐系统。车载 DVD 导航，实际上是将 DVD 与车载 GPS 导航系统结合在一起，安装在汽车中控台主仪表板或者副仪表板的位置上，为车上乘员提供影音娱乐和导航服务。

现在许多中高档汽车原配有车载 DVD 导航，并作为一个移动终端，融合了其他一些功能，比如电视、DVD 播放、CD 播放、MP4、蓝牙、游戏、收音机、日历、时钟、计算器等。

车载 DVD 导航显示屏除了存在大小尺寸的区别之外，还分为高清数字屏与标清数字屏两种。高清数字屏除了比标清数字屏的分辨率高，图像色彩和显示细节的综合表现优异之外，高清数字屏的亮度达到 450 流明，在阳光的照射下仍然保持清晰的显示效果，更符合汽车行驶过程中的使用要求。而标清数字屏的亮度只有 250 流明，在阳光强烈的环境下，会灰蒙蒙的看不清楚。

车载 DVD 导航(图 4－13)按车型适配情况可以分为专用机和通用机两种：

图 4－13　车载 DVD 导航

（1）专用机是专门为某款车型开发的机器,机器的模具和原车完全匹配,安装的时候无需在另外加框或者其他的东西。专用机改装不损伤原车线路。

（2）通用机是适合很多车型改装,只要加框就能改装,但往往需要改接线路。

车载 DVD 导航按使用功能分类有:

（1）传统手写导航:需要首先进入导航界面,通过点击查找、手写输入目的地等步骤完成导航设定。

（2）声控导航:通过语音控制设定导航。但是目前还存在语音识别软件识别率不高的问题。

目前国内市场上常见的车载导航仪品牌有:科维、爱乐士、百仕通、路特仕(rotiss)、图音、德赛西威、杰成、剑影、畅途、佳艺田、华阳、飞利浦、飞韵、卓尔派、纽曼、飞歌、卡仕达、路畅、汉唐、主线数码、航通优派、指路王、索菱、欧华、凡翼、金畅享、路韵、JOY、乐驰、中道、航睿等。

4.14　倒车雷达

倒车雷达全称叫"倒车防撞雷达",也叫"泊车辅助装置",是汽车泊车或者倒车时的安全辅助装置。倒车雷达由超声波传感器(俗称探头)、控制器和显示器(或蜂鸣器)等部分组成,能以声音或者图像显示的方式告知驾驶员周围障碍物的情况,避免视线死角带来的安全隐患,提高泊车、倒车和起动汽车时的安全性(图 4-14)。

倒车雷达探头装在后保险杠上,能够向水平 120°、垂直 70°范围内发射超声波,并接受被障碍物反射回来的超声波。倒车雷达以超声波信号从发射到接收回波信号花费的时间计算出障碍物与汽车间的距离。倒车雷达能够探索到那些低于保险杠而司机从后视镜难以看见的障碍物,如花坛、路肩、小孩等。当汽车挂倒挡时,倒车雷达即被激发开始工作,测距范围达 0.2~2.5m 左右,故在停车时,对司机很实用。

倒车雷达按探头数量,有 2、4、6、8 只之分甚至更多,主要安装于前后保险杠上。6 个以上探头的普通倒车雷达,除可探测车尾情况外,还可探测前、左、右角的情况。探头并非越多越好,要根据不同车型来选择。如果是两厢车或紧凑型车,车身比较短小,选择 2~4 个探头就可以了。如果车头较长或车头倾斜较严重,前面难以目测,就需要在车头安装 2 个探头。如果是中高级车,车身较大较长,以安装 6~8 个探头为合适。

倒车雷达的性能指标主要有:灵敏度、是否存在盲区、探测距离的范围。普通倒车雷达的探测距离大约为 0.3~1.5m,有些能达到 2.5m。有些灵敏度差的倒车雷达,探测距离仅为 0.4~1.2m,倒车辅助效果就比较差。

倒车雷达的安装方式有:

（1）黏附式安装。这种安装方法无需在车体上开孔,只将探头粘贴在适当位置(一般选择在尾灯附近或行李箱门边)即可。

（2）开孔式安装。在汽车尾部或保险杠上开孔后安装探头。

倒车雷达安装和使用注意事项:

（1）小轿车的探头安装,一般车前离地高度 45~55cm,车后离地高度 50~65cm;大车探头安装离地 60cm 左右最佳,角度尽量与地面水平。

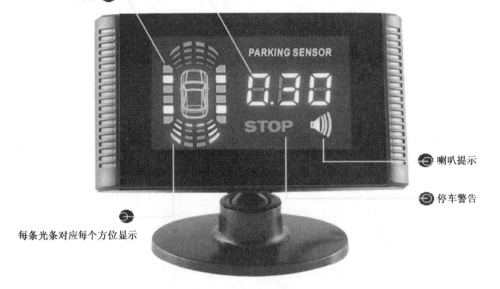

数字显示最近障碍物距离

跑马灯

喇叭提示

停车警告

每条光条对应每个方位显示

图 4-14 倒车雷达

（2）防止探头表面被硬物遮住,保持探头清洁,防止积尘积垢。

（3）多探头倒车雷达,前后探头不可随意对调。

（4）探头安装注意朝向,要按 UP 朝上安装。

4.15 汽车跟踪器

汽车跟踪器,也称汽车定位器,通过接收 GPS 信号计算出汽车的当前位置,再通过
GSM/CDMA 等无线网络将自己的位置发送给监控设备,起到确定汽车位置,追寻汽车行踪
的作用(图 4-15)。

图 4-15 汽车跟踪器

汽车跟踪器上需要插一张手机卡,接上汽车的电源(或者装上电池),就可以工作了。因为金属和建筑物对 GPS 信号都会屏蔽,所以早期的单模汽车跟踪器不能安装到车底,否则会失去 GPS 信号。双模汽车跟踪器是采用 GPS 卫星+手机基站定位双重定位模式,跟踪器可以安装在包括汽车底部的任意位置,无定位信号盲点,车辆进入地下室停车场一样定位。

汽车跟踪器制造商大多会提供定位平台软件,其中内置了电子地图。用户只需用每个产品附带的端号和密码登录平台,就可以在平台上看到汽车跟踪器所在的位置,并实现对汽车跟踪器的远程控制。

汽车跟踪器通常带有防盗报警功能;有的汽车跟踪器可以设置电子围栏,当车移出设定的区域后,汽车跟踪器会自动报警;有的汽车跟踪器具备对汽车断油断电的功能,车主可以通过手机发送短信或者微信对被盗汽车进行远程断油断电控制。

4.16　汽车防盗器

汽车防盗器按其结构与功能可分四大类:机械类、电子式、芯片式和网络式。

4.16.1　机械锁防盗

机械锁是传统的汽车防盗锁,发展到今天主要分为方向盘锁、排挡锁、油门锁、离合器锁、刹车锁以及与方向盘联合控制的综合性锁。方向盘锁无须安装,使用时套锁在方向盘上,通过限制方向盘的转动起到防盗作用。排挡锁一般是安装在中控台上,锁身与车身连接,通过锁环限制换挡手柄的移动达到防盗目的。但是排挡锁需要钻孔安装,使用的人相对较少。

机械式锁主要通过限制汽车驾驶操作起作用,优点是价格便宜、安装简便;缺点是只防盗不报警,容易被铁撬、钢锯、液压剪等工具破坏而失去防盗作用,现在常常作为辅助的防盗工具。

4.16.2　电子式防盗器

为了克服机械锁只防盗不报警的缺点,电子式报警防盗器应运而生。它主要靠探测门窗异常振动,通过锁定汽车点火或启动系统来达到防盗的目的,同时具有声光报警功能。遥控式汽车防盗器除了具备可遥控防盗的全部功能外,还增加了许多方便实用的附加功能,如:遥控中控门锁、遥控发动机起动与熄火、遥控送放冷暖风、遥控电动门窗及遥控开行李舱等。

电子式防盗器分为单向和双向两种。单向电子防盗器的主要功能包括:开关车门、在受到震动或非法开启车门时报警等。双向电子防盗系统比单向防盗系统先进,当汽车遭遇异动而报警时,会向遥控器发射信号反映汽车遭遇的状况,车主通过遥控器的液晶屏能够知道汽车现在的情况。

电子防盗系统有一个致命缺点:当车主用遥控器开关车门时,遥控器发出的无线电波或红外线信号容易被其他接收器截取。这个缺陷容易被利用来盗取汽车。

4.16.3　芯片式数码防盗器

芯片式数码防盗器是汽车防盗器发展的重点,目前大多数轿车均采用这种防盗器作为原配防盗器。

芯片式数码防盗器基本原理是应用数码技术与行车电脑配合,控制汽车的发动机、电路和油路,在没有芯片钥匙的情况下无法启动车辆,杜绝了被扫描的弊病。最新的电子防盗芯片具有特殊的诊断功能,已获授权者在读取钥匙保密信息时,能够得到该防盗系统的历史信息:系统中经授权的备用钥匙数目、时间印记以及其他背景信息等。新型电子防盗系统除了比以往的电子防盗系统防盗效果更加有效,独特的射频识别技术能够保证系统在任何情况下正确识别驾驶者,在驾驶者接近或远离车辆时自动识别其身份、自动打开或关闭车锁。

4.16.4　网络防盗

网络防盗是指通过 GPS 卫星定位系统和移动通信网络来实现汽车门窗控制、发动机控制、截停汽车、汽车定位等功能,达到防盗目的。网络防盗器的功能非常多,不仅可以在所覆盖的区域范围内实时监测车辆位置,还可以通过车载移动电话监听车内声音,必要时可以通过移动通信网络关闭车辆油路和电路并锁死所有门窗。如果网络防盗器被非法拆卸,还会自动发出报警信息。

4.17　车载智能感知器

车载智能感知器,也称蓝牙检测仪,通过汽车上的 OBD-Ⅱ 接口读取行车电脑数据,通过蓝牙发射到手机,配合智能手机 APP,向驾车者提供行车数据显示、车况检测、驾驶行为识别及优化等服务(图4-16)。

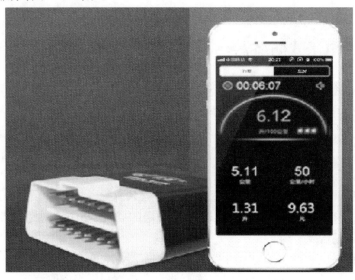

图4-16　车载智能感知器

有的车载智能感知器将这些信息通过手机屏幕及配套 HUD(抬头显示)反射膜投射到汽车前挡玻璃上,实现 HUD 的效果。这样,驾驶员就不用低头看车速、油耗、发动机转速等重要信息,既可以避免在一些限速路段不小心超速,又极大提高了行驶安全性。

复习思考题

1. 目前常用的汽车电子电器用品有哪些产品?

2. 行车记录仪有哪些分类?工作特点有什么不同?

3. 车载数字电视盒有哪四种不同制式?

4. 使用车载蓝牙的方法和选配车载蓝牙时需要注意哪些事项?

5. 车载空气净化器有哪些种类?工作特性怎样?

6. 各种不同制冷方式的车载冰箱的性能特点是怎样的?

7. 车载导航仪有哪些种类?各自的功能特点是什么?如何区分车载导航仪性能优劣?

8. 倒车雷达的性能指标有哪些?安装方式是怎样的?

第5章

汽车改装用品

【学习目标】

1. 了解汽车外观改装用品主要包含哪些产品。

2. 掌握各种汽车外观改装用品的材料与性能特点。

3. 了解各种汽车动力改装用品的作用及适用范围。

4. 了解改装排气系统需要注意的事项。

5. 了解汽车操控性改装用品主要包含哪些产品。

6. 了解汽车对于制动性能的几个关键要求和改装刹车系统需要注意的事项。

7. 了解不同的轮胎具有的不同特性,掌握换装轮胎需要注意的事项。

8. 了解不同的轮圈具有的不同特性,掌握换装轮圈需要注意的事项。

9. 了解悬挂系统改装涉及到的弹簧、减震器、空气悬挂和防倾杆等的产品特点以及工作特性。

10. 了解音响改装用品主要包含哪些产品。

11. 了解汽车喇叭的品牌和车用功放的种类。

【本章重点】

1. 各种汽车外观改装用品的材料与性能特点。

2. 各种汽车操控性改装用品换装方法和注意事项。

现在越来越多的车主热衷于汽车改装,希望自己的汽车外形更酷、性能更强。但是,汽车改装是有一定限制的,随意改装可能通不过年检,所以改装汽车一定要在符合相关法规的前提下进行。汽车改装一般有两种情况:第一种是指专门生产改装汽车的厂家,用合格的发动机、底盘或总成,重新设计、改装与原车型不同的汽车;第二种是已领有牌照的汽车,为了某种使用目的,在原车的基础上,作少部分技术及外观改造。本章所述的汽车改装用品指的是第二种情况下所涉及的汽车用品。当前,交通法规对汽车改装的限制依然比较严格,汽车排量等涉及汽车技术参数部分不能私自改装。改变车辆外观的改装需符合相关法规,要得到车辆管理部门的批准,改装后需及时变更行驶证。有三种改装不需办理变更登记:①小型、微型载客汽车加装前后防撞装置;②货运机动车加装防风罩、水箱、工具箱、备胎架等;③增加机动车车内装饰。

人们对一辆车的改装不仅说明了车主对驾驶的看法,也体现着车主品味。总的说来,汽车改装主要包括外观改装、动力改装、操控性改装与音响改装。本章下面就从这几个方面展开来介绍汽车改装用品。

5.1　外观改装用品

车身外观的改装在汽车改装中一直占有相当重要的地位。一般的外观改装主要包括贴纸、车身彩绘、车标、前后保险杠、空气动力套件、开孔发动机盖、边窗晴雨挡、HID 氙气大灯、前大灯装饰板、前后透视镜、降低车身等。汽车外观改装涉及到的用品有一部分已经在前面的章节中介绍了,比如贴纸、灯眉、轮眉等,这里不再重复。

5.1.1　空气动力套件

空气动力套件就是俗称的大包围,主要包含进气格栅、车侧扰流板(侧裙)、前后包围以及后扰流板等。大包围源自赛车运动,其主要作用是减低汽车行驶时所产生的逆向气流,同时增加汽车的下压力,使汽车高速行驶时更加平稳。如今在个人用车改装上应用的大包围看重的不再是功能,而是外型的美观协调与个性。大包围在外观上变化繁多且直观,安装方便,渐渐成为改装车主们首选的体现个性的产品。

在原厂保险杠的下部加装一片下扰流板,一般称为下巴。如果没有更换前后保险杠,只是加装下巴,俗称小包围。

1. 进气格栅

进气格栅又名中网、汽车前脸以及水箱护罩等。其主要作用在于既方便空调、水箱和发动机的通风散热以及进气,又能保护发动机舱内部免受外来物品侵扰,同时彰显个性与美观。尤其是最后一条,进气格栅作为一种独特的造型元素,被许多品牌用来作为主要的品牌标识(图 5-1)。

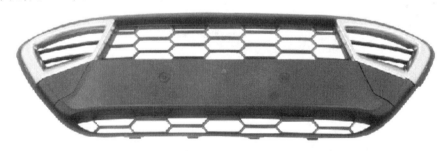

图 5-1　进气格栅

按风格区分,进气格栅的类型分为两种:①原厂风格;②自定义风格。

按材料类型,进气格栅的类型分为:①工程塑料 ABS,许多原厂进气格栅采用,成本低,易碎;②碳纤维进气格栅,耐冲击性较差,容易损伤,与金属复合时会发生金属碳化、渗碳及电化学腐蚀现象,在使用前须进行表面处理;③玻璃钢进气格栅,可塑性强,长期耐温性能差,易于老化;④塑胶进气格栅,受热容易膨胀,易老化;⑤金属进气格栅,主要是铝合金,经久耐用。

金属进气格栅表面采用抛光处理后可达到镜面效果,后端采用黑色喷塑处理,使得进气格栅整体更具立体感,更能凸显金属材质的个性,成为改装爱好者彰显个性的一个非常重要手段

2. 车侧扰流板

车侧扰流板,又名侧裙,作用是让空气更好的"流"过车侧面,最大化的减少空气阻力。给汽车改装不同造型的侧裙,能够带来不同的美观效果。有些车侧扰流板经过专业技师改装并正确调校后,在高速时可以提高汽车的下压力(抓地力),从而提高汽车高速行驶时的平稳性和操控性(图 5-2)。

图 5-2 车侧扰流板

3. 前后包围

大包围的前后包围安装款式主要有两类:一是加装款,不需要改动原车,在原来的保险杠上加装半截下巴,安装技术要求不高,采用 3M 胶加扣件进行安装,今后若想拆下也很容易;二是保险杠款,将原来的前后保险杠整个拆下,然后再装上另一款保险杠,可以大幅度地改变外观,更具个性(图 5-3、图 5-4)。

前后包围材料,主要有以下四种:

(1)玻璃纤维:最常见,款式多,价格便宜,但重量大韧性不好,若发生擦碰容易断裂。

(2)工程塑料 ABS:以真空吸塑成形,厚度较薄,不能作保险杠款的包围,只能制作加装款的大包围。

(3)合成树脂:收缩性较小,韧性较好,耐热不变形,产品表面光滑,价格相对较高。

（4）聚脂(PU)塑料:低温高压注塑成形,柔韧性好,强度高,与车身的密合度佳,寿命长,价格较高。

图5-3　前包围

图5-4　后包围

选择前后包围的注意事项:

（1）应选用高质量的产品。大包围安装在车上,与车成为一个整体,日常的磕碰在所难免。如果包围材质脆弱,刚性过大,就很容易碎裂,那样不仅增加更换成本,也平添了不少麻烦。

（2）最好不要选用需要拆掉原车保险杠才能安装的款式,因为大包围所用的材料抗撞击能力不如原车保险杠。可以选用将原保险杠包裹其中的大包围款式,不影响汽车的抗撞击性能。如果选用了拆杠包围,可将原杠中的缓冲区移植到大包围中,以起到保护作用。

4. 后扰流板

后扰流板是指在车尾上方安装的附加板,横断面与飞机机翼相反,上平下弧,作用在于降低汽车行驶中所受到的上升力,增加抓地力。但是,后扰流板也会增加风阻,所以在设计时必须恰当,使后扰流板对增加的风阻与改善的抓地力之间达到合理的匹配(图5-5)。

市场上的后扰流板种类很多。赛车上的扰流板在气流直接作用下产生下压力,安装位置比较高,远离车体。有些旅行轿车在车顶后部安装扰流板,使得车顶的一部分气流被引导流过后车窗表面,既使车辆后部的升力降低,又利用气流清除后车窗表面浮尘。在普通家用轿车上装的后扰流板,装饰性意义远大于其实际效用,因为这些车通常行驶的速度不高。

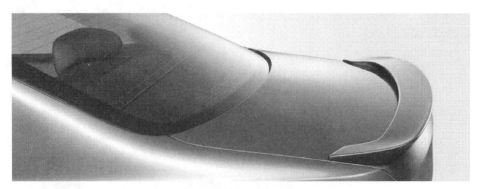

图 5-5　后扰流板

5.1.2　开孔发动机盖

　　发动机盖的主要要求是隔热隔音、自身质量轻、刚性强。发动机盖的在结构上一般由外板和内板组成,中间夹以隔热材料,内板起到增强刚性的作用。发动机盖开启时一般是向后翻转,也有小部分是向前翻转(图 5-6)。

图 5-6　开孔发动机盖

　　在发动机盖上开孔起源于跑车,那突起的气孔是为了在汽车行驶时导入更多的气流,冷却高速运转的发动机。一些装备有涡轮增压发动机需要中冷器的汽车,也会在引擎盖上设置导气孔,用来降温。这样的设计后来被引入部分改装车上,凸显动力强劲,同时达到炫酷的外观效果。开孔发动机盖的缺点是发动机舱容易脏。

5.1.3　边窗晴雨挡

　　给汽车边窗安装晴雨挡的主要作用是可以在小雨的天气条件下开侧边窗,既保持车内空气的对流,又不至于让雨飘进车内。深色的边窗晴雨挡还能够在一定程度上遮挡侧面的强烈阳光和紫外线。边窗晴雨挡专车专用,设计的好,还能够配合车体外型,使得车体外部线条更趋完美,形体赏心悦目(图 5-7)。

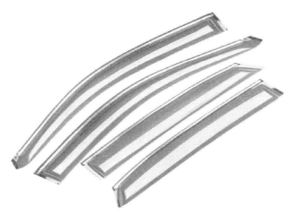

图 5-7　边窗晴雨挡

在选择边窗晴雨挡时须注意材料的抗紫外线和防老化性能。边窗晴雨挡的安装很简便,通常用自带的背胶粘贴即可。有些款式的边窗晴雨挡带有安装卡扣。

5.1.4　HID 氙气大灯

氙气灯(High Intensity Discharge,HID)是一种采用高压电激活氙气而产生电弧光、没有灯丝的高压气体放电灯,也称为重金属灯。氙气灯的色温在 4000~6000K 之间,远远高于卤素灯泡,亮度高,能够产生如同白昼一样的光照效果。因为没有灯丝,氙气灯使用寿命非常长,基本等同于汽车平均使用寿命。

氙气灯由灯头(氙气灯泡+透镜)、电子镇流器(也称为安定器)、线组控制盒等组成。用于改装的 HID 型号和卤素灯泡是一一对应的,按灯泡一般可分为三种系列:90 系列、H 系列和 D 系列。

在欧洲,法律规定氙气灯必须带有透镜,这样灯光才不会发散,有一条明暗分割线,不会给对方司机造成炫目。因此,改装 HID 氙气大灯时,从安全角度出发,建议改装带有透镜的氙气大灯总成。

5.2　动力改装用品

汽车动力系统是汽车最重要的部分,改装的重点围绕在如何提高它的输出功率。加大缸径、提高压缩比、加多气门、自然吸气改为涡轮增压等发动机改装一方面被法规禁止,另一方面也带有极大的风险,极其容易损坏发动机,甚至引发严重的安全事故。在法规允许范围内的动力改装主要在以下几方面。

1. 进气系统改装

发动机的工作时吸进空气,与燃油混合后,在汽缸内燃烧做功。发动机的进气效率对于发动机的功率有比较大的影响。进气效率越高,发动机的输出功率和扭矩越大。发动机进气系统改装的目的就是提高进气效率。空气进入发动机之前要先经过空气滤清器。空气滤清器一方面滤除空气中的灰尘杂质等,但同时也阻碍了空气流动,降低了进气效率。

目前大部分发动机上原厂配置的是一次性纸质滤清器。改装用的空气滤清器是由特殊的化学纤维制成,其最大优点是在滤净空气的同时使进入燃烧室的空气流量、流速提高,从而提高进气效率(图5-8)。

图5-8　空气滤清器

2. 排气系统

与进气效率一样,排气效率也是影响发动机动力性能的一个重要参数。通过给汽车改装进排气系统,提高发动机进排气效率,从而提升动力性能,是最简单有效的汽车动力改装方法。其中排气系统改装更为常见,因为除了能够在发动机性能上提升之外,漂亮的排气管与动听的排气声浪让汽车更炫更酷(图5-9)。

通常原厂配置的排气系统会考虑到发动机输出特性是否适合日常使用。家用轿车日常在城市道路行驶比较多,因此通常设计了适当高的排气回压以保证发动机低转速时高的输出扭矩特性。但是这种形式的排气系统会在高转速状态下排气不畅,阻碍最大功率发挥。改装排气系统就是通过选择设计和材质不同的排气系统部件来降低排气回压,达到提升发动机最大输出功率及改变扭矩输出特性的目的。

改装排气系统需要注意以下几点:

(1)原车的排气系统是生产厂家考虑汽车的动力性能、环保性能及燃油经济性与生产成本等多方面因素设计出的产品,与汽车的动力总成搭配较为合理,且经过了多重试验测试。对于小排量车型,原车的排气不会太过顺畅,作用在于提高中低转速下的排气效率,以适合城市条件下使用。对于高性能车型,原车的排气系统就会采用直线型大直径管路以及多出尾喉等降低回压设计,作用在于提高发动机的最大功率输出,自然拥有响亮的排气声浪。

图5-9　排气管

（2）对排气系统来说,起消音作用的主要是排气尾段与中段部分,尤其是尾段消音器（又称消音鼓）。改装直排式尾段,可以得到较大的排气声浪,听起来威猛有力,但实际上发动机的动力输出几乎没有改变。因为发动机排出的废气要经过排气歧管、三元催化器、负责减少共振与降低噪声排气中段,最后才是负责消音的排气尾段,每一个部分都会形成排气阻力,所以声音大不等于马力大。因此,改装排气尾段不会提升汽车动力,只是听上去很酷。如果把整段排气管更换成比原装的粗壮,内壁光滑、弯曲度小的高性能型号,可以明显提升排气效率,令发动机在高转时的大量废气能顺畅地排出,从而提升发动机动力(图 5-10)。

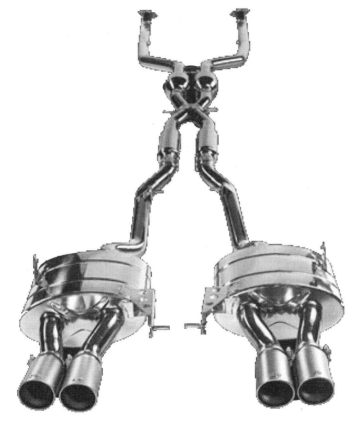

图 5-10　排气系统

（3）在改装排气系统时需要考虑到汽车本身的动力输出特性与自己的驾驶习惯。改装排气系统通常是针对发动机中高转速区域的性能优化,而这种改装是以损失低速扭矩为代价的。现在有可变阀门排气,兼顾高低转速时的不同回压要求,通过控制阀实现在低转速时提高回压,而在高转速时降低回压。但这样的改装对于可变排气阀门和改装技术的要求都比较高(图 5-11)。

（4）对于整个排气系统来说,最为直接影响到排气效率的部分是排气歧管。排气歧管与发动机排气道直接连接。原车的排气歧管通常为铸铁制品,内壁粗糙,对气流形成一定的阻力。因为要考虑到发动机舱内的位置安排,原车排气歧管会忽略各缸排气管道的长度问题。长度不同的排气歧管会使得各缸的废气跑不同的距离,在尾端发生汇聚堵塞,互相冲突、形成阻滞。

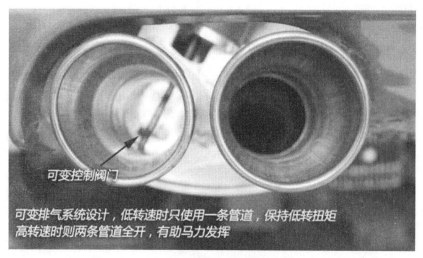

可变控制阀门

可变排气系统设计，低转速时只使用一条管道，保持低转扭矩
高转速时则两条管道全开，有助马力发挥

图 5 - 11　可变阀门排气

　　改装等长排气歧管,使用内壁平滑的不锈钢材质、在歧管连接底座采用特殊处理的焊接工艺、转角的部位尽量缓和弯角,可以取得排除尾气汇聚干扰、减少阻力、加速气流的功效。

　　（5）追求大功率输出的排气系统会设计成直线的管路布局,这种改装通常不再使用底盘上的排气系统预留位置,使得排气管更加贴近地面,导致汽车的通过性能变差,这在改装时需要考虑到。

　　（6）改装排气系统时,材质是一个关键因素。不同材质的排气管不仅影响着动力性能,在重量与声音效果上也有着相当大的区别。普通排气系统改装采用不锈钢材质,既可以获得光滑的内壁,又能够降低重量。高级别的可以采用钛合金,它具有强度高、耐腐蚀、耐高温的特点,且重量更轻。两种材质的排气管排气声音也不太一样。钛合金排气管管壁较薄,高速排气时,声音尖利刺耳。不锈钢排气管的排气声音的音质偏低沉浑厚。

　　3. 点火系统

　　汽油发动机对点火系统的要求是及时可靠。所谓及时,指的是点火系统能够在最佳点火时刻点火;所谓可靠,指的是点火系统能够产生足够高的点火高压和足够大的点火能量,从而保证在点火时能够点燃汽缸内的混合气。点火系统的组成随着点火系统类型的不同而有所不同,主要包括火花塞、点火线圈、分电器、高压线等。早先的汽油发动机采用传统的点火系统,一个点火线圈支持多缸点火,带来点火能量不足的可能性,如果在点火系统其他部分能量损失大的话,就不能保证点火的可靠性。点火系统的改装主要是通过改装高性能的火花塞和高压线,减少点火能量在这些部分的损失,来提高点火系统的可靠性,从而改善汽油发动机的性能。

　　需要指出的是,现今的汽油发动机普遍采用电控点火系统,配备多个点火线圈,点火系统的点火能量与点火高压得到充分保证。在这种情况下,改装点火系统因为不能提高发动机的输出功率和扭矩而没有什么意义了。

5.3　操控性改装用品

　　汽车操控性改装用品主要包括制动系统改装、轮胎改装、轮圈改装以及悬挂系统改装用品。

5.3.1　制动系统改装

制动系统改装指的是汽车行车制动系统改装,是汽车改装的一个重要组成部分。行车制动系统俗称刹车系统,是汽车重要的安全装置。汽车的动力性能能否得到充分发挥,在很大程度上取决于刹车性能的优劣,因为想要跑得快先要刹得住。因此,刹车系统的改装,首要目的应该是缩短制动距离从而提高车辆的行驶安全性,其次才是为了美观、动感、劲酷。

在对汽车刹车系统进行改装之前,首先要了解对于制动性能的几个关键要求:

(1) 制动效能高。评价汽车制动效能的指标有:制动距离、制动减速度、制动时间。

(2) 操纵轻便,制动时的方向稳定性好。制动时,前后车轮制动力分配合理,左右车轮上的制动力应基本相等,以免汽车制动时发生跑偏和侧滑。

(3) 制动平顺性好。制动时应柔和、平稳,解除制动时应迅速、彻底。

(4) 抗热衰退性好,调整方便。这要求制动蹄摩擦片抗高温能力强,磨损后间隙能够调整。

改装刹车系统需要注意以下几点:

(1) 因为自重低,前置前驱的小型车往往会采用前盘后鼓的行车制动系统,即前轮盘式后轮鼓式制动,既降低了成本又满足了制动性能的要求。鼓式制动较盘式制动成本低、抗热衰退性差,但是制动力并不弱。因此,对于原厂使用鼓式制动的小型车建议不要轻易改装成盘式制动。

(2) 改装制动分泵是为了搭配高性能的刹车片和刹车盘。多活塞式制动分泵可以使制动力更加均匀地传递至刹车片,配合大尺寸刹车片既能提高制动力,又能提高散热面积,在获得高制动效能的同时拥有良好的抗热衰退性能。多活塞式制动分泵重量轻,还有利于减轻簧下质量。但是,改装时要记得,多活塞式制动分泵需要更强劲的总泵来推动。如果改装时不更换制动总泵,总泵的供油是按原厂分泵设计的,无法供给新的大分泵足够的油,反而会降低制动力度,导致踏板行程变长,脚感变差,使改装的制动分泵无法发挥应有性能。所以在改装多活塞式制动分泵时,对于供油量较小的总泵要一起更换。

(3) 汽车在多次制动后会出现热衰退,导致制动距离变长。因此在制动系统的改装中,大部分精力是用于提高抗热衰退性能,但是否有必要进行改装还要看具体的用车环境。其实在正常驾驶(尤其是在市区道路)中需要连续紧急制动的情况很少,改装一套抗热衰退性能出色的制动系统必要性不高。

(4) 改装是个系统工程,在得到了更强劲的制动性能之后,换一套支撑性能更好的避震器就显得很有必要,调校出色的悬挂系统可以提高制度性能。

(5) 高性能刹车片有很多,在选择上要遵循适用的原则。刹车片摩擦系数过高会使得刹车过于灵敏,反而降低了行驶舒适性。此外,刹车片摩擦系数越高,对刹车盘的磨损也就越严重。

(6) 如果原厂采用橡胶制动液管,在强力制动时会因制动液的压力过高造成制动液管膨胀,减缓制动液流通的速度,使得制动反应变慢,脚感不够实在。改装在橡胶管外侧包裹了一层金属丝的制动液管(也称刹车钢喉),能够减少油管的膨胀量,提升制动时的脚感(图5-12)。

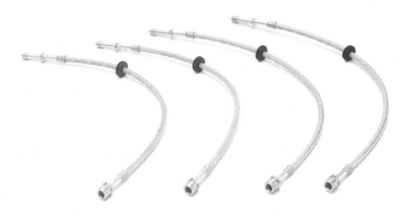

图5-12 制动液管

(7)通风盘式刹车盘表面开槽或者打孔,一方面通过加强散热提高抗热衰退性能,同时能够使制动过程中产生的粉末顺着槽孔迅速排除,减少粉末造成的打滑现象,提高摩擦力。改装刹车盘分原尺寸替换盘与加大盘两种。加大盘的优点是盘体直径增加,因此制动力矩增加,制动效能增加。在换装加大刹车盘时需要大尺寸的轮圈以及分泵转接桥配合。

(8)浮动式刹车盘是两片式设计,外圈部分与刹车片接触,中间部分的法兰盘和车轴连接,两者之间用螺丝和弹簧片进行连接。两个部分可以单独选用合适的材料,解决了刹车盘的材料摩擦系数和弹性屈服系数的矛盾,整体上减轻刹车盘的重量从而减轻簧下质量。改装多活塞式制动分泵后,更需要采用浮动式刹车盘来解决制动时刹车盘摆动问题(图5-13)。

图5-13 浮动式刹车盘

（9）陶瓷刹车盘。优点：一是重量轻，可以减轻簧下质量；二是耐磨，使用寿命长。但是陶瓷刹车盘价格昂贵，并且对于制动性能的提升有限。

（10）在对制动系统进行了一系列改装后，不可忽略制动液的重要性。制动液容易吸湿，吸湿后沸点会降低。由于刹车片与刹车盘在制动过程中会因为摩擦生热，使得制动液温度升高。一旦制动液温度超过制动液的沸点，就会产生气泡。气泡可以被压缩，掺杂在油管中将导致刹车失灵，所以我们在改装刹车系统时，别忘记对制动液进行定期更换。乘用车绝大部分使用的是 DOT3 级别以上的制动液。对于主要在城市道路行驶的汽车，DOT4 的制动液足以满足需要。

5.3.2　轮胎改装

汽车的动力，要靠轮胎与路面的附着（俗称抓地力）来实现。当制动系统得到一定程度的提升后，想进一步提高制动性能，增加轮胎宽度和换装高性能轮胎是最为有效的方法。高性能轮胎特殊的橡胶配方与花纹设计、更宽的胎面可以增加轮胎与地面的附着力，给汽车发挥其优异的动力性能和制动性能提供保证。

汽车轮胎的类型很多，每一种类型还有不同的规格。国际标准的轮胎规格一般由六部分组成：轮胎宽度（mm）+轮胎断面的扁平比（%）+轮胎类型代号+轮辋直径（英寸）+负荷指数+许用车速代号（图 5－14）。

图 5－14　轮胎规格代码

除此之外，在轮胎侧面还有 Treadwear（耐磨）、Traction（牵引）和 Temperature（温度）三种指数标识。其中耐磨指数以数字表示，数字越大越耐磨，指数 100 代表在统一的测试条件下轮胎可以使用 48000km，指数 200 可以使用 96000km，以此类推；牵引指数以 AA/A/B/C 进行标示，AA 代表优秀，抓地性能好，C 最差；温度指数代表轮胎抗高温性能，用 A/B/C 表示，A 为优，C 为劣。

不同的轮胎具有不同的特性，换装轮胎需要注意以下几点：

（1）加大轮胎的接地面积可以提高轮胎与地面的附着力，使汽车的制动和弯道性能得到提高。低扁平比的轮胎可以减少因轮胎变形对操控性产生的影响，使操控反应更加直接和灵敏。但是过于加大轮胎宽度会影响悬挂系统的正常动作,留下安全隐患。如果汽车的动力系统没有跟上,使用抓地性能过强的轮胎反而影响加速以及弯道性能。轮胎的直径应尽可能与原厂相同,最大差距不能超过3%,扁平比不应低于35,否则会损伤轮圈、悬挂系统甚至增加爆胎的风险。

(2)每个品牌的轮胎都有不同定位的产品。在选择轮胎时,要清楚自己的需求,要把轮胎的设计特性放在首位,品牌放在次要地位。选择轮胎系列与型号比选择品牌更为重要。

(3)大部分车型在出厂时配套的轮胎兼顾了耐用性、舒适性和对各种气候与路面条件的适应性等多方面因素。极端的设计会严重削弱其他性能,盲目追求单方面性能突出(比如:过大、过宽、过软等),会导致轮胎综合性能恶化。

(4)缺气保用轮胎又称安全轮胎或零压轮胎,特殊的胎壁使得其韧性和支撑性都非常强,可以在轮胎泄气时保持轮胎与轮圈的结合并给予汽车足够的支撑,保证汽车仍然能以正常时速安全行驶80km左右。但是由于这种轮胎采用了特殊材料和厚度的胎壁,使得舒适性下降、胎噪增大、簧下质量增加,在一定程度上影响汽车的操控性能。缺气保用轮胎由于胎壁很厚很硬,修补时很不容易从轮毂上扒下来,操作不好还会给胎壁造成不可弥补的伤害,因此修补很麻烦,常常在被扎之后被直接更换掉。

(5)冬季专用轮胎采用特殊的橡胶配方与花纹设计,特别适合低温状态下冰雪路面上行驶,抓地性能大大优于普通轮胎,但不适合全年使用。

(6)SUV车型的轮胎与轿车的不同,分为三类:越野AT轮胎、全地形MT轮胎和公路HT轮胎。用途不同,选择不同。建议在改装轮胎之前,先明确使用环境,再挑选匹配的轮胎类型。在传统的SUV改装方案中,使用全地形AT轮胎最为常见。全地形AT轮胎比公路HT轮胎更具兼容性和耐用性,在非铺装路面上的附着力更强,是兼顾越野和公路性能的轮胎,适合于SUV。全地形AT轮胎为了非铺装路面的行驶性能,速度级别要低于公路HT轮胎,越野MT轮胎更低。换装AT或者MT轮胎后要注意把车速控制在轮胎速度等级以下。越野MT轮胎的花纹粗犷,胎牙间距大,缺点是公路性能下降、制动距离增长、弯道抓地性能以及高速稳定性下降,噪声也会增加(图5-15)。

(7)改装大尺寸轮圈搭配低扁平比轮胎,可以更好地发挥汽车的公路性能,但薄胎壁更易受损,连路牙都可能对轮胎与轮圈造成损伤,驾驶时需要格外小心。

5.3.3 轮圈改装

提起外观,俗语说人靠衣服马靠鞍,而影响汽车外观的一个重要部分就是轮圈。因此,在汽车改装中,轮圈改装占有非常重要的比重。同时,改装轮圈对于汽车性能也有着很大的影响。

改装轮圈之前,需先了解轮圈的四个参数——轮圈尺寸、偏置距离、螺栓孔节圆直径和中心孔直径。

1. 轮圈尺寸

轮圈尺寸包含:轮圈外径、轮圈宽度、轮圈边缘突起高度。

举例说明,轮圈尺寸参数为16×5.5J。

其中:

HT 轮胎——公路使用
　　静音、舒适
　　高速性能优良、排水性能优良

AT 轮胎——全地形使用
　　铺装路面，高速稳定，排水优良
　　非铺装路面，保证牵引力，耐磨

MT 轮胎——越野使用
　　恶劣路况，高性能、安全性

图 5－15　不同轮胎特点

16——为轮圈的外径,单位为英寸,与轮胎匹配;

5.5——为轮圈两凸缘之间的宽度,这个数值越大就能装越宽的轮胎;

J——则是表示轮圈两凸缘的高度,还有 C、JJ、JK、K 等,分别表示凸起不同的高度,C 最低,K 最高。

常见的轮圈宽度在 5.5J～11J 之间,表 5－1 是不同轮圈宽度所能使用的轮胎宽度对照表。

表 5－1　不同轮圈宽度所能使用的轮胎宽度对照表

轮圈宽度参数	对应适用轮胎宽度
5.5J	155
6J	175
6.5J	195
7J	205
7.5J	215
8J	225
8.5J	245
9J	265
9.5J	285
10J	295
10.5J	305
11J	315

2. 偏置距离

偏置距离(Offset),又称为 ET 值,影响轮圈在车上的安装位置。ET 值是轮圈轮辋中心线与车轮螺栓固定面内侧的距离,如图 5-16 所示,从左到右分别为正偏置、零偏置、负偏置。ET 值影响轮距。

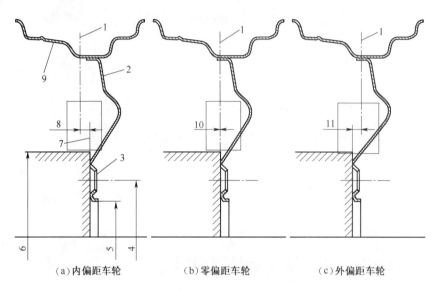

(a)内偏距车轮   (b)零偏距车轮   (c)外偏距车轮

图 5-16　不同偏置车轮

1—轮辋中心面;2—轮辐;3—螺母座;4—螺栓孔分度圆直径;5—中心孔直径;6—安装面直径;
7—安装面;8—内偏距;9—轮辋;10—零偏距;11—外偏距。

3. 螺栓孔节圆直径 PCD

是指轮圈固定螺栓孔中心线的距离。轮圈固定螺栓孔分为 4、6、8、10 的偶数孔数和 5 孔的奇数孔数。偶数孔的 PCD 是两个对角线孔位的中心线间的距离,奇数孔的 PCD 是对角线一侧孔位中心点到另一侧孔位边缘的距离,单位是毫米,如图 5-17 所示。比如:5×112 表示 5 孔,PCD 为 112mm;4×103 表示 4 孔,PCD 为 103mm。

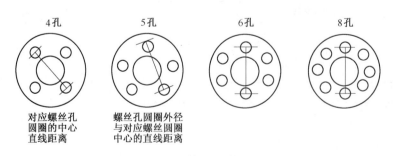

图 5-17　不同螺栓孔数目轮圈

4. 中心孔直径

中心孔直径是指轮毂中心孔的直径,单位为毫米,是轮圈安装时必须注意的一个重要数据,最好使用中心孔距一致的轮圈。如果轮圈的中心孔径大于车轮安装座,就需要使用专用的垫圈,才能保证轮圈安装后的稳定性(图 5-18)。

轮圈和刹车碟就是套在这个圈上的
这个圈的外径等于轮圈的中心孔径

图 5 - 18 轮圈和刹车碟套装示意图

改装轮圈之前必须要搞清楚这几个参数,因为它们与车辆的行驶特性密切相关,并且参数如果不匹配就无法安装。大部分车型将以上几项参数标注在轮圈的背面。

不同的轮圈具有不同的特性,换装轮圈需要注意以下几点:

(1) 改装轮圈首先要考虑的是汽车的行驶特性,其次才是外观。许多人喜欢加大轮圈提升观感。大轮圈需要车身高度的配合。过大的轮圈损害包括轮胎、轮圈、减震器以及车架在内的整个悬架系统,使得簧下重量增加,还很容易与翼子板、刹车、悬挂发生刮蹭。所以,改装轮圈时零适度,并且综合考虑其他因素,才能获得满意的效果。

(2) 铝合金轮圈有锻造和铸造两种生产形式。锻造轮圈强度高、重量轻,整体质量优于铸造轮圈,当然价格也比较高。

5.3.4 悬挂系统改装用品

影响行车操控的最大因素就是汽车悬挂系统。悬挂系统影响着汽车的加速、制动与弯道性能。原车的悬挂系统通常比较注重舒适性,通过对悬挂系统的改装,可以有效提升汽车的动态表现。悬挂系统改装,除了要保持吸收路面不平带来的震动、使轮胎尽可能地贴附于地面的功能外,还要减少行驶中重量转移的幅度,从而优化行驶性能。悬挂系统改装涉及弹簧、减震器、空气悬挂和防倾杆等。

1. 弹簧和减震器

1) 弹簧

原车上通常使用渐进型弹簧,这种弹簧粗细和簧距都是渐变的,在振动小时由弹性系数低的部分吸收,当振动大时由弹簧粗的部分起作用。优点是能够在一定程度上保证乘坐舒适感,缺点是操控感不强。

线性弹簧的粗细和簧距不变,弹性系数为固定值。这种弹簧可以使车辆获得更加稳定和线性的动态反应,有利于驾驶者更好的控制车辆,多用于性能取向的改装车,缺点是舒适性受到影响。有些改装车会在较硬的线性弹簧上增加一个较细较软的小型辅助弹簧,这种组合式弹簧除可以增加舒适性外还能在主弹簧受压回弹时减少回弹力度,防止主弹簧脱离弹簧座。

短弹簧是比原厂弹簧短、但是相对粗壮的弹簧。改装短弹簧能够降低车身重心,减少过弯时的侧倾,从而使得过弯道时更加稳定和顺畅,有效提升车辆的弯道操控性能。如果仅仅改装短弹簧,可能会因为原车减震器的阻尼设定偏软,导致短弹簧与减震器配合不稳定,不能够有效衰减振动。严重的还会导致减震器漏油,缩短减震器的寿命。

2) 减震器

减震器的作用在于衰减汽车振动,将振动能量转化为热能散发掉,其性能参数用阻尼系数表示。一般原车装配的减震器为了行驶舒适性,会采用较低的阻尼系数配较软的弹簧。一些原车减震器只在拉伸时有阻尼,用来吸收弹簧回弹的振动。改装在压缩过程时也有阻尼的减震器可以配合更硬的弹簧工作,这样可以减少重量转移现象,使整体操控性能改善。

减震器在工作过程中会发热,高温会导致减震器内的油液阻尼系数减小乃至失效。高级别的竞技型减震器会带一个氮气瓶来控制减震液的温度,保持减震器性能的稳定。

绞牙减震器是指能够调节弹簧伸缩度和避震桶身、避震阻尼的减震器。由于调节高度是通过绞牙环(就是环的外围是齿状)完成的,所以称为绞牙减震器(图5-19)。

图5-19 减震器运动套装

绞牙减震器具有阻尼系数和高度可调节的功能,在一定范围内调整出需要的设置,能够在不更换弹簧和减振器的情况下大幅改变汽车的操控性能。

3) 运动套装

运动套装包含短弹簧和减震器。相比短弹簧与原厂减震器的组合,运动套装的弹簧与减震器的配合更加稳定,减震器的阻尼可以更好地配合短弹簧的回弹和压缩,有效衰减振动。因此,运动套装能有效改善车辆的操控性能。

2. 空气悬挂

空气悬挂即空气悬挂系统,当前大量应用于中高档客车以及部分高端卡车的悬挂系统。空气悬架系统的组成包括空气弹簧、减震器、导向机构和车身高度控制系统。空气悬挂系统的优点是可以调节弹簧刚度、减震阻尼系数和底盘高度,从而提高乘员的乘坐舒适性,而且可以对道路起到一定的保护作用(图5-20)。

3. 防倾杆

汽车在过弯道时,在离心力的作用下,会导致汽车有侧倾的趋势。如果汽车重心过高或者车速过快,有可能会使得汽车侧翻。如果靠弹簧来减少车身的侧倾,需要非常硬的弹

图 5-20　空气悬挂

簧配合高阻尼系数的减震器,这样做的缺点是汽车的行驶平顺性和乘坐舒适性变差。防倾杆就是用于减少汽车过弯道时的横向摆动,抑制侧倾,使得转弯更加稳定。防倾杆的结构很简单,就是一条 U 型金属连杆,负责把两侧悬挂链接起来。作用是当车辆转弯时,弯道内侧悬挂被拉伸,外侧被压缩,防倾杆此时起到一个抗扭作用以减少拉伸与压缩幅度,从而控制车辆的侧倾幅度。防倾杆只在有侧倾时才会起作用,不会影响汽车的行驶平顺性和乘坐舒适性。因此,如果追求突出的操控性能、尤其是弯道操控性又不想改装弹簧和减震器,可以选择更换或者加装一套防倾杆(图 5-21)。

图 5-21　防倾杆

防倾杆的直径与长度决定了它的抗侧倾性能。在改装时,需要注意的是防倾杆不仅影响汽车的侧倾幅度,对转向特性也有很大的影响。防倾杆越强,转弯时压在外侧车轮的重量越大,重量转移越大,越可能出现前轮转向不足和后轮转向过度。所以防倾杆要有针对性的改装,不同的车型有不同的转向特性,通过前后防倾杆的搭配弥补原车的不足,也可根据驾驶者的习惯与个人偏好进行搭配。

总之,改装悬挂系统可以提高汽车的加速、制动与弯道性能,使汽车的运动性能得到改善。但是,改装悬挂系统是一个相对复杂的过程,错误的选择会影响甚至恶化行驶性能。需要提醒注意的是,改装悬挂系统后一定要做一次四轮定位。

5.4　音响改装用品

音响改装是指改装或者改造整个汽车的音响系统。目前国内汽车音响的音源主要包括卡带、CD、VCD、MP3、MD、DVD 六种,其中 CD 机的音质相对比较纯,MP3 和 MD 机的容量相对比较大,DVD 机的图像相对比较清晰。汽车音响改装最多的喇叭和功放。

由于汽车音响使用的电源电压比较低,要得到大的功率,除了采用 BTL 电路外,喇叭一般会用 1~4Ω 的低阻抗喇叭以提高输出功率,可以直接采用主机的内置功放驱动喇叭发出声音。喇叭对声音的表现有深远的影响。原装喇叭一般功率较小,播放大功率、强声压音乐时,会因为失真而影响效果。挑选一套适合个人音乐欣赏习惯的高品质喇叭,是音响改装的关键一步。

功放即功率放大器,是音响系统中最基本的设备,它的任务是把来自信号源的微弱电信号进行放大以驱动喇叭发出声音。由于考虑功率、阻抗、失真、动态以及不同的使用范围和控制调节功能,不同的功放在内部的信号处理、线路设计和生产工艺上也各不相同。功放对于一套良好的音响系统的作用非常重要。

1. 汽车喇叭分类

1)按频率

汽车喇叭按频率可以分为高音喇叭、中音喇叭和低音喇叭。

高音喇叭频率范围是 2048Hz~20kHz,其中:2048~4096Hz 的聆听感觉为敏锐,4096~8192Hz 的聆听感觉为清脆、多彩,8192~16384Hz 的聆听感觉为层次分明,16384~20kHz 的聆听感觉为纤细。高音喇叭的表现特征:指向性强,声音明亮、清晰,层次分明,色彩丰富。

中音喇叭频率范围是 256~2048Hz,其中:256~512Hz 的聆听感觉为有力,512~1024Hz 的聆听感觉为明亮,1024~2048Hz 的聆听感觉为透亮。中音喇叭的表现特征:人声还原逼真,音色干净、有力,节奏性强。

低音喇叭频率范围是 16~256Hz,其中:16~64Hz 的聆听感觉为深沉、震撼,64~128Hz 的聆听感觉为浑厚,128~256Hz 的聆听感觉为丰满。低音喇叭的表现特性:具有强大震撼感,雄壮有力、丰满深沉。

2)按类型

按类型,汽车喇叭分可以分为套装喇叭、同轴喇叭和超低音喇叭(低音炮)。

套装喇叭的高音与中低音分体而且配有分音器,这样能够得到较好的全频响应和声场效果,分为"两分频喇叭"和"三分频喇叭"。两分频喇叭是由一个中低音喇叭和一个独立的高音喇叭组成,三分频喇叭是由三个不同的高、中、低音喇叭组成。因为不同音域区分比较明确,分频喇叭能形成比较好的声场效果和层次感。

同轴喇叭是全频喇叭,特点是全频响应,高音和中底音在同一个轴上,不利于声场分布。因为所有音域单元都集合在一个喇叭上,相互之间形成干扰,所以在声相定位和音色方面都不尽如人意。

低音炮拥有非常好的低音表现力,能形成非常震撼的音乐效果,是喜欢 DJ、舞曲的朋友喜爱的一类车用喇叭。低音炮可分为有源低音炮和无源低音炮。有源低音炮由低音喇叭、箱体和功放组成,一般功率比较小,合适于对低音要求不高、不想加装功放的车主。无源低音炮由低音喇叭和箱体组成,适合于对低频效果要求强烈的车主,可以选不同低音喇叭和不同箱体来拼装,再选择合适的功放来配,DIY 的成分比较高。

2. 汽车喇叭的品牌

目前国内市场汽车音响的品牌和款式都很多,包括国产和进口的。比较知名的进口汽车音响有美国、英国、德国、日本、法国、意大利、瑞典、丹麦和以色列等国家的品牌。

美国音响的知名品牌有 McIntosh（麦景图）、Rockford Fosgate（来福）、KICKER（K 牌）、MTX Audio（澎湃）等。

英国音响的知名品牌有 TANNOY（天朗）、Genesis（创世纪）、KEF（卡夫）、MACROM（曼琴）等。

德国音响的知名品牌有 MB Quart（曼伯特）、RAINBOW（彩虹）、Maestro（曼斯特）、BRAX（布莱克斯）、Helix（喜力士）等。

日本的知名品牌有 Alpine（阿尔派）、Clarion（歌乐）、Pioneer（先锋）、Eclipse（凌驾）、Panasonic（松下）、SONY（索尼）、Kenwood（健伍）等。

意大利的知名品牌有 AUDISON（欧迪臣）、HERTZ（赫兹）、TEC 等。

还有法国的 Focal（劲浪）、瑞典的 DLS（德利仕）、丹麦的 Dynaudio（丹拿）、以色列的 MOREL（摩雷）等知名品牌。

国产汽车音响起步较晚，但是发展势头相当迅猛，市场份额在不断的扩大。目前常见的有 FlyAudio（飞歌）、Rotiss（路特仕）、CASKA（卡仕达）、KOGND（科骏达）、华阳 Foryou、Road rover（路畅）、OWA（欧华）、Soling（索菱）、Kovan（科维）以及 Skypine（天派）等品牌。

3. 车用功放

目前市场上车用功放的种类很多，分类方法也比较复杂。

按功放管的导电方式不同，可以分为甲类功放（又称 A 类）、乙类功放（又称 B 类）、甲乙类功放（又称 AB 类）和丁类功放（又称 D 类）。

按功放输出级放大元件的数量，可以分为单端放大器和推挽放大器。

按功放中功放管的类型不同，可以分为胆机和石机。

按功能不同，可以分为前置放大器（又称前级）、功率放大器（又称后级）与合并式放大器。

按用途不同，可以分为"AV 功放"和"Hi－Fi 功放"。"Hi－Fi 功放"属于发烧友的功放，以"音色优美、高保真"为设计宗旨，集中体现各种高新技术。价格也从千余元到几十万元不等。"Hi－Fi 功放"又分"分体式"（把前级放大器独立出来）和"合并式"（把前级和后级做成一体）。分体式的信噪比、声道分割度等指标较好，易于通过信号线校音。合并式的优点是使用方便，价格低。

功放的主要性能指标有输出功率、频率响应、失真度、信噪比、输出阻抗、阻尼系数等。

输出功率单位为 W，由于各厂家的测量方法不一样，所以出现了一些名目不同的叫法，如额定输出功率、最大输出功率、音乐输出功率、峰值音乐输出功率等。音乐功率是指输出失真度不超过规定值的条件下，功放对音乐信号的瞬间最大输出功率。峰值功率是指在不失真条件下，将功放音量调至最大时，功放所能输出的最大音乐功率。额定输出功率是指当谐波失真度为 10% 时的平均输出功率，也称为最大有用功率。通常来说，峰值功率大于音乐功率，音乐功率大于额定功率，一般而言峰值功率是额定功率的 5~8 倍。

频率响应表示功放的频率范围和频率范围内的不均匀度。频响曲线的平直与否一般用分贝（dB）表示。"Hi－Fi 功放"的频响一般为 20Hz~20kHz，正负 1DB。频率范围越宽越好。

理想的功放应该是把输入的信号放大后，毫无改变的忠实还原出来。但是由于各种原因,经功放放大后的信号与输入信号相比,往往产生不同程度的畸变。这个畸变用百分比表示,就是失真度,数值越小越好。

信噪比是指信号电平与功放输出的各种噪声电平之比,用 dB 表示,数值越大越好。

输出阻抗是指对扬声器所呈现的等效内阻。

选购功率放大器的时候,要注意它的性能指标。失真度越小质量越好,一般在 0.05% 以下。信噪比越大代表声音越干净。但是,性能指标完好不一定证明有好的音色,这是必须认识到的。在选购功率放大器的时候还要明确自己的购买意愿,如果您希望加装低音炮,最好购买 5 声道的功放,通常 2 声道和 4 声道扬声器只能推动前后扬声器,而低音炮只能再另配功放,5 声道功放就可以解决这个问题。功率放大器的输出功率也要尽量大于扬声器的额定功率。

4. 汽车音响的配线

1）信号线

信号线用作信号传输,常用的规格有 1m、2m、3m、5m 等 4 种,其材料构成有很多种,有铜、金、银。辨别信号线的质量主要的是信号线的屏蔽性能和信号传输的保真度,市面上的信号线价格差别比较大的原因是信号线的屏蔽工艺和构成材料上。

2）电源线

汽车供电系统用的是 12V 电压,所以同等功率的电流会比家庭用的电流大 18 倍。因此,汽车音响电源要比较粗的线。选电源线的时候必须与音响器材功率相匹配,最好比音响器材功率大一倍以上,避免电源线发热。

常用电源线一般有 0#线、2#线、4#线、6#线、8#线、10#线等六种规格,其制作材料也是很多种,有无氧纯铜,也有合金材料。

3）喇叭线

常用的喇叭线一般都是扁芯线,材料一般是无磁金属,以避免磁场干扰。

复习思考题

1. 目前汽车外观改装用品主要包含哪些产品?
2. 简要介绍各种汽车外观改装用品的材料与性能特点。
3. 分别介绍各种汽车动力改装用品的作用及适用范围。
4. 改装排气系统需要注意哪些事项?
5. 汽车操控性改装用品主要包含哪些产品?
6. 汽车对于制动性能有哪几个关键要求?改装刹车系统需要注意什么?
7. 汽车轮胎有哪些种类?它们分别具有怎样的特性,通常适用于怎样的路况?换装轮胎需要注意哪些事项?
8. 不同的轮圈具有怎样不同的特性?换装轮圈需要注意哪些事项?
9. 分别介绍悬挂系统改装涉及到的弹簧、减震器、空气悬挂和防倾杆等的产品特点以及工作特性。
10. 音响改装用品主要包含哪些产品?
11. 目前市场上汽车喇叭主要有哪些品牌?车用功放有哪几种?

第6章

汽车安全应急及户外自驾用品

【学习目标】

1. 了解汽车安全应急用品主要包含哪些产品。
2. 了解各种汽车安全应急用品的功能特点。
3. 掌握儿童安全座椅的分类和安装方法。
4. 掌握如何鉴别儿童安全座椅的品质优劣。
5. 了解户外自驾用品主要包含哪些产品。
6. 了解拖车绳的分类和质量判定。
7. 了解搭火线的选配与正确使用方法。
8. 了解折叠锹的各种功能和脱困板的不同种类。
9. 了解车顶箱的分类和材料特点。
10. 了解防潮垫的不同种类及特点。
11. 掌握帐篷的种类、结构、材料与防水性能。

【本章重点】

1. 各种儿童安全座椅的材料、性能特点、适用范围和品质鉴别。
2. 各种帐篷结构、材料与防水性能。

6.1 汽车安全应急用品

汽车安全应急用品包括保护汽车本身安全的用品、提高汽车行驶安全性能的用品和紧急情况下保护汽车及乘员安全的应急用品。

第4章中已经介绍了部分电子电器类汽车安全用品,比如行车记录仪、车载导航仪、倒车雷达、汽车防盗器以及车载智能感知器。除此之外,还有以下几种汽车安全应急用品。

6.1.1 汽车中控锁

汽车中控锁,全称是中央控制门锁,是指设在驾驶座门上的开关,是可以同时控制全车车门关闭与开启的一种控制装置。

汽车中控锁的功能包括：

1. 中央控制

驾驶员可以选择同时锁住或者打开全部车门,也可通过单独锁住或者打开某个车门。

2. 速度控制

当行车速度达到一定时,各个车门自行锁上,防止行驶过程中车门误打开。

3. 遥控功能

不用把钥匙插入锁孔就可以远距离开门和锁门。

4. 防盗功能

当汽车被撬盗时,发出声光报警信号。

汽车中控锁在轿车上应用得比较早,极大地提高了汽车使用的便利性和行车的安全性,在现代汽车上得到越来越多地安装运用。原车不带中控锁的汽车,可以在汽车用品市场选择适当产品加装。目前市场上有为各种车型配套的汽车中控锁供选择,这些配套件往往没有品牌,质量参差不齐。比较著名的汽车中控锁品牌有"铁将军"、"铁老大"、"码之霸"、"彪鹰"、"皇盾"、"启明"等。

6.1.2　胎压监测装置 TPMS

统计资料表明,近一半的高速公路交通事故是由于轮胎故障引起的,这其中爆胎占事故总量的 70%。汽车在高速行驶过程中,爆胎造成的事故往往是恶性事故。

胎压监测装置 TPMS(Tire Pressure Monitoring System),是采用无线传输技术,利用固定于汽车轮胎内的高灵敏度微型无线传感器在行车或静止的状态下采集汽车轮胎压力(有些包括温度)数据,将数据传送到驾驶室内,在仪表盘或者显示屏上实时显示。在轮胎压力或者温度出现异常时,TPMS 以蜂鸣或语音等形式提醒驾驶者注意,从而确保汽车行驶时轮胎的压力保持在正常范围内,避免爆胎造成的恶性事故,属于汽车主动安全系统。

按照测量轮胎压力的原理不同,胎压监测装置 TPMS 分为直接式和间接式。直接式(Pressure – Sensor Based TPMS,PSB)是利用安装在每一个轮胎里的压力传感器来直接测量轮胎的气压,利用无线发射器将压力信息从轮胎内部发送到中央接收器模块上,然后对各轮胎气压数据进行显示。间接式(Wheel – Speed Based TPMS,WSB)是通过汽车 ABS 系统的轮速传感器来比较轮胎之间的转速差别,以达到监测胎压的目的。直接式随时测定每个轮胎内部的实际瞬压,能够及时确定故障轮胎;间接式与 ABS 系统共用轮速传感器,只需软件升级,成本较低,准确率也低,且不能确定故障轮胎。

现在越来越多的车型配置了 TPMS,但还是主要集中在中高档车上。没有配置 TPMS的车,可以简单方便地加装便携式 TPMS。便携式 TPMS 基本上都属于直接式。目前市场上比较著名的便携式胎压监测装置 TPMS 品牌有"铁将军"、"伟力通"、"TYREDOG"、"龙吉星"、"泰好"、"胎安特"、"ORO"等。

6.1.3 疲劳驾驶预警系统

据交通部门统计,60%以上的交通事故与疲劳驾驶有关。疲劳驾驶会使得驾驶员的生理机能和心理机能失调,导致驾驶技能下降,极易发生交通事故。

疲劳驾驶预警系统,也称防瞌睡提醒器,是基于驾驶员生理图像反应,利用驾驶员的面部特征、眼部信号、头部运动性等推断驾驶员的状态,主要是通过测量眼睛的开闭、眼睛的运动和眼睛的生理学表现形态来判断驾驶员是否疲劳,并进行报警提示和采取相应措施的装置。疲劳驾驶预警系统由电控单元 ECU 和摄像头两大模块组成。

目前市场上疲劳驾驶预警系统产品还不多,"比文"是其中比较知名的品牌。

6.1.4 儿童安全座椅

儿童安全座椅是一种专为不同体重(或年龄段)的儿童设计,将孩子束缚在安全座椅内,在汽车发生碰撞或突然减速的情况下,可以减少对儿童的冲击力和限制儿童的身体移动从而减轻对他们的伤害,能有效提高儿童乘车安全性的座椅。欧洲对儿童安全座椅的定义是:能够固定到机动车辆上,带有 ISO FIX 接口、LATCH 接口的安全带组件或柔性部件、调节机构、附件等组成的儿童安全防护系统。

1. 按照固定方式分类

根据固定方式的不同,儿童安全座椅分为三种。

1)欧洲标准的 ISO FIX 固定方式

ISO FIX(International Standards Organization FIX)儿童安全座椅固定系统,是欧洲从1990 年开始设计实施的一种针对儿童安全座椅接口的标准。在欧洲销售的车型都会将这个接口作为标准配置。国内一部分汽车厂家提供了这种接口的配置。该配置的特点就是具有两个与儿童座椅进行硬链接的固定接口(图 6 - 1)。

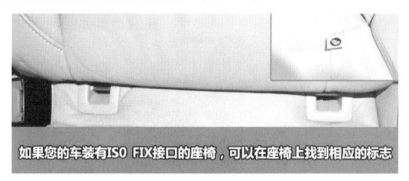

如果您的车装有ISO FIX接口的座椅,可以在座椅上找到相应的标志

图 6 - 1 配备 ISO FIX 接口座椅

2)美国标准的 LATCH 固定方式

LATCH(Lower Anchors and Tethers for Children)即儿童使用的下扣件和拴带。美国从2002 年 9 月 1 日开始,规定所有轿车必须提供 LATCH 系统的儿童安全座椅固定方式。LATCH 与欧洲标准的 ISO FIX 固定方式最大的区别在于连接方式不是硬链接,而是同时挂

钩方式连接,并且有 3 个固定点,比 ISO FIX 多一个(图 6-2)。

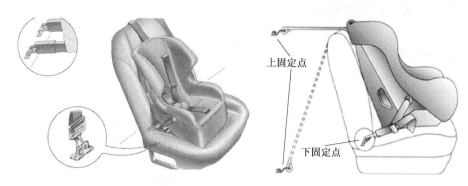

上固定点

下固定点

图 6-2　配备 LATCH 接口座椅

3)安全带固定方式

这种儿童安全座椅固定方式是使用汽车上安全带,因此可以适用于世界上任何一个配备有安全带的车型。

相对而言,采用 ISO FIX 接口固定的儿童安全座椅具备刚性链接强度高、不易松动、安装简单、通用性好。

ISO FIX 是兼容于 LATCH 的,也就是说有 LATCH 接口的一定也可以装 ISO FIX 接口的座椅,但是只有 ISO FIX 接口的就不能使用 LATCH 接口的儿童座椅(因为缺少一个固定点)。

2. 按照儿童年龄和体重分类

儿童安全座椅按照儿童年龄和体重共分为 5 类:

1)适用于新生儿到 15 个月的儿童(或体重在 2.2~13kg 之间)

这类儿童安全座椅一般都装有可摇摆的底部,而且有把手作手提篮用(图 6-3)。

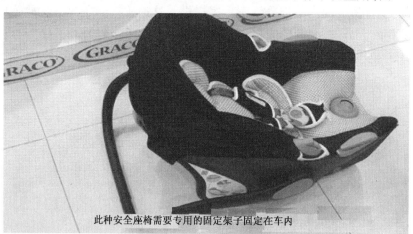

此种安全座椅需要专用的固定架子固定在车内

图 6-3　适用于新生儿到 15 个月儿童的儿童安全座椅

2)适用于新生儿到 4 岁儿童(或体重在 2.2~18 kg 之间)

其设计同时提供两种功能:先用于新生儿到 9 个月的婴儿,然后改成用于 9 个月的婴儿到 4 岁的儿童。这种座椅虽然没有摇摆、便携以及与手推车合用的功能,但可固定在车内并能长久使用。这种座椅在使用上特别要注意,新生儿到 9 个月的婴儿需要反向安装座椅,9 个月到 4 岁的新生儿需正向安装,但正向安装有两个必要条件:第一是儿童体重在 9kg 以上;第二儿童可以自己坐起来,两者缺一不可(图 6 - 4)。

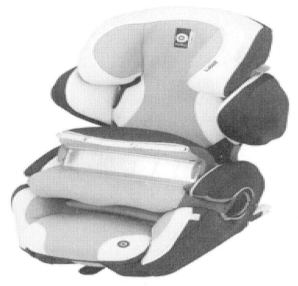

图 6 - 4　适用于新生儿到 4 岁儿童的儿童安全座椅

3) 适用于 1 岁到 4 岁儿童(或体重在 9~18kg 之间)

这种儿童安全座椅设计简单,没有前者那么多的功能,适合大一点的幼儿使用。

4) 适用于 1 岁到 12 岁儿童(或体重在 9~36kg 之间的小孩)

这种儿童安全座椅是一种组合产品,既可以是一种专为蹒跚学步儿童(年龄从 1 到 4 岁)准备的座椅,又可拆除座椅本身的安全带而直接使用汽车原有的安全带,可适用至 12 岁儿童。因为 1 岁和 12 岁的儿童之间体形差别很大,因此这种儿童安全座椅对小婴儿而言显得过大,对大儿童又可能显小。

5) 适用于 3 岁到 12 岁儿童(或体重在 15~36kg 之间的小孩)

许多父母认为孩子 4 岁以后可以不再使用儿童安全座椅了。但研究结果表明,12 岁以前的儿童身体仍然太小,如果行车中发生意外,只系带普通三点式安全带仍然非常危险,因此需要使用儿童安全座椅。

3. 儿童安全座椅品质

儿童安全座椅除了要根据儿童的身材和体重来选择外,其品质主要从整体设计、座椅材质、检验等级和品牌这几个方面进行判断。

儿童安全座椅的整体设计优劣主要体现在保护儿童乘车安全功能是否完善、安装是否复杂、座椅固定的牢固程度。前面提到的 ISO FIX 和 LATCH 两种固定方式是最快捷最安全的固定接口方式。

儿童安全座椅的材质非常重要。首先不能选择带有刺激性气味的材料,以免损害儿童健康和刺激儿童柔嫩的皮肤。其次,要选择舒适、透气、作过防火处理的面料,让儿童坐进去感觉舒服和安全。最后,儿童安全座椅的内部填充物一定要选用优质的 EPS 材料或者经过防虫防霉处理的天然纤维。劣质的儿童安全座椅往往采用普通的泡沫塑料。

关于儿童安全座椅的检验等级,国际上最主要认证等级为欧洲的 ECE R44/04 认证和 Ncap。我国关于儿童安全座椅的强制国家标准是 GB 27887—2011《机动车儿童乘员用约束系统》,此标准是以欧洲 ECE R44/04 标准认证为基础的。另外,有些专门生产儿童安全座椅的厂家也会推出自己的认证标准,比如德国 Recaro 品牌的 ASP 认证(侧面防撞认证)。

比较知名的儿童安全座椅品牌有"CAM"、"Fairgo"、"BeSafe"、"Graco"、"Coccoon"、"Recaro"、"路途乐"、"虎贝尔"、"REEBABY"、"感恩"、"Eternal Shield"等。

6.1.5　汽车三角警示牌

汽车三角警示牌是由塑料反光材料做成的被动反光体。汽车在路上遇到突发故障停车检修或者是发生意外事故的时候,驾驶员通过放置三角警示牌,利用其反光性能,可以提醒其它车辆注意避让,以免发生二次事故(图 6-5)。

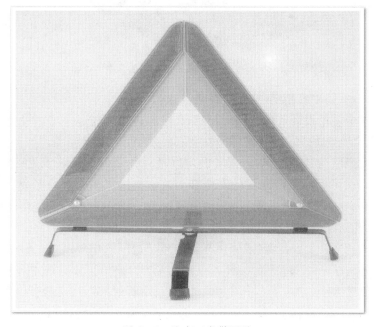

图 6-5　汽车三角警示牌

合格的三角警示牌外面有一个反光三角,中间有一个荧光的三角,同时底下有一个较重的底座。外面反光的三角是为了在夜间的时候,车灯照上去之后会有非常强的反射。中间的荧光三角是漫反射,白天使用时能使后方司机看得清楚。沉重的底座是为了保证三角警示牌不被风吹倒。

有些不合格的三角警示牌只有反光三角,没有荧光三角,底座是用很薄的铁片制成,警示功能和抗风能力比较差。有些三角警示牌中间有一个感叹号,那是不符合国家标准的。

鉴别三角警示牌的反光能力,可用手电筒在距离三角警示牌 5~10m 的位置照射三角警示牌,通过观察三角警示牌的反光性能进行判断。

使用三角警示牌时需要注意,后方司机发现前方出现三角警告牌后,需要经过一个发现警告信号、刹车减速、避让这么一个过程。以行驶速度为 100km/h 的汽车为例,从发现警示牌到停车正常需要 10s 的时间或者说至少 100m 的距离。因此,交通法规要求在普通公路上,在来车方向 50m 外设置警示牌;在高速路上应该在 100m 外设置警示牌;在下雨天或在拐弯处,一定要在 150m 外放置警示牌。这样才能让后方的车辆及早发现,避免追尾事故发生。

6.2　户外自驾用品

交通工具改变了人的活动半径。随着汽车的普及,原本在城市工作和生活的人,活动半径扩大到了乡村、周边市县、甚至更远的地方。户外自驾,成为了许多有车族生活的一部分。因此,户外自驾用品也是汽车用品的一个重要门类。

户外自驾用品主要包括拖车绳、搭火线、折叠锹、脱困板、折叠水桶、车顶箱、防潮垫、折叠椅、帐篷、车载充气床垫、抽油泵等。

6.2.1　拖车绳

当汽车抛锚或者陷入泥沼车轮打滑时,会需要别的车辆进行拖车救援,需要使用拖车绳。

1. 分类

按材质来分,拖车绳主要有尼龙和钢丝两种。

按最大拖拽力来分,可分成 1~15t 乃至更高的不同等级。选择的时候要根据车重来选择,一般家用车 2t 左右,选择最大拖拽力 5t 的拖车绳基本可以满足要求。

钢丝拖车绳相对而言拖拽力大,通常作为专业拖拽牵引器材。尼龙拖车绳的最大拖拽力与其粗细和宽度有关(图 6-6)。

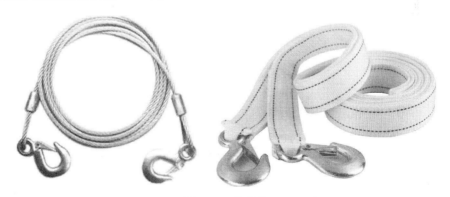

图 6-6　拖车绳

2. 质量

拖车绳的质量直接关系到人身安全。断裂的拖车绳会由于弹性而飞回来打伤周围的人或者车辆,我国著名拉力车手徐浪就是因为在救援中被断裂的拖车绳连同拖车环击中面部而英年早逝的。

影响拖车绳质量的因素主要有绳子的质量、挂钩的质量以及挂钩与绳子连接的牢固程度。

尼龙拖车绳的质量包括材质、密度、粗细(宽度)等方面,这些因素决定了尼龙拖车绳能够承受的最大拖拽力。钢丝拖车绳的质量取决于钢丝本身的材质。

挂钩的质量取决于挂钩的材质。不同材料的挂钩拥有不同的强度和刚度,也决定了在拖车过程中是否会发生挂钩变形或者断裂。

挂钩与绳子的连接往往是整个拖车绳最弱的地方,受力后最容易发生脱落,因此要格外留心,一定要保证挂钩与绳子连接牢固。

3. 拖车环

在汽车的车头和车尾,有一个小装备称为拖车环(牵引环)。拖车作业时,拖车绳的挂钩分别连接牵引和被牵引车的拖车环。

随着车身设计和保险杠造型的不同,拖车环的位置、固定方式和使用方法也有所区别。大多数车型的拖车环都会位于车头和车尾的一侧,或者是车头、车尾两侧都有。拖车环分为外露式和隐藏式两大类。

外露式拖车环一般在车头和车尾保险杠下沿处,直接将尺寸相符合的拖车绳与其连接就行了。

隐藏式拖车环为了整体设计的美观,多为分体式设计,在保险杠里面设计了安装拖车环的螺孔。在使用时,要先打开装饰盖,然后从后备箱的工具盒中找出拖车环,手动将拖车环拧装在螺孔中方可使用。需要注意的是,这种类型的拖车环在安装过程中一定要将拖车环紧固到位,用扳手套在环内旋紧。

6.2.2 搭火线

搭火线用于汽车蓄电池因为失电或者损坏时,搭接别的车上的蓄电池以启动发动机(图6-7)。

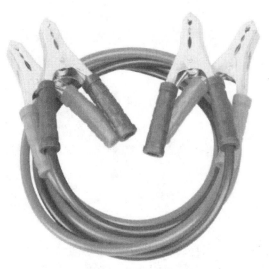

图6-7 搭火线

启动发动机需要的电流较大,通常功率越大的发动机需要的起动电流也越大。因此,搭火线通常是由较粗的铜线制成,不同粗细的搭火线,其允许通过不同的电流(额定电流),适应启动不同发动机的需求。搭火线的铜线越粗,额定电流越大。通常小车起动电流在200~300A 左右,可选用额定电流 500A 的搭火线;中型车起动电流在 400~600A ,可选额定电流为 600~1000A 的搭火线;大型车起动电流 1000~1600A,可选额定电流为 2000~2500A 的搭火线。

搭火线使用说明:

(1) 首先将起动线的红色电线钳在被救车的蓄电池正极之上。

(2) 然后将另一端的红色电线钳在施救车的蓄电池正极之上。

(3) 把黑色电线钳在被救车的黑色负极电池上。

(4) 接着把黑色电线钳在施救车的黑色负极电池上。

(5) 先启动施救车的发动机,然后再启动被救车的发动机。若发现被救车仍无法启动,请检查金属接触部分是否接触不良。当完成启动发动机之后,需按顺序取下起动搭火线,否则将有可能引起短路。

拆除搭火线的程序与搭接的程序相反:①首先把连接被救车蓄电池负极的黑色电线夹钳除下;②把施救车蓄电池负极的黑色电线夹钳除下;③将施救车的红色电线夹钳除下;④最后把被救车的红色电线夹钳除下。

6.2.3　折叠锹和脱困板

折叠锹和脱困板是汽车陷入泥坑等松软路面后重要的脱困工具。用折叠锹铲去车轮下面的稀泥,将脱困板垫在车轮下,再启动汽车,汽车便能够脱离困境。

1. 折叠锹

折叠锹又名折叠铲,也称为工兵铲,多功能军用锹等。

折叠锹除了具备普通锹的功能之外,锹面左侧有锯齿可以发挥锯的功能,锹面弯曲90°可以发挥锄头的功能,锹面右侧开锋后可作为斧头,部分折叠后可以作为撬棍,具备多种功能。

折叠锹通常分为大,中,小三个规格。大号锹锹面一般为 21×15cm,展开 60cm,折叠 24cm;中号锹锹面一般为 16×11cm,展开 48cm,折叠 20cm;小号锹锹面一般为 13×10cm,展开 42cm,折叠 17cm(图 6-8、图 6-9)。

图 6-8　折叠锹

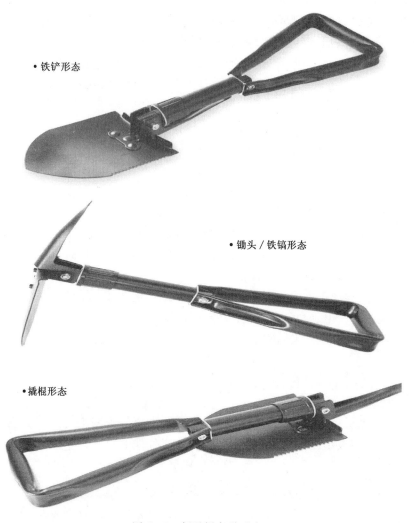

- 铁铲形态
- 锄头／铁镐形态
- 撬棍形态

图 6-9　折叠锹各种形态

2. 脱困板

脱困板，又名防滑板、防陷板、沙板、汽车履带板等。汽车陷入泥沙地，车轮打滑，是因为泥沙不能提供足够的附着力。在车轮下面垫上脱困板，可有效提高车轮与地面的附着力，帮助汽车脱离困境。有了脱困板，在许多情况下不用求助于第三方的牵引力，汽车完全靠自身的动力便能脱离困境，极大地提高了汽车在危险路段上防陷防滑能力。

脱困板的应用已经有数十年的历史，是最简单可靠的救助工具之一，关键时刻起到重要救助作用。因此，户外自驾的车辆无论越野能力再强大，也都将脱困板作为基本配备之一。

脱困板通常包括一块防滑垫板和两条根据车轮宽度而设计的主、副牵引带。防滑板中间设有两条凸起的加强槽，防止防滑垫板因汽车动力太大而造成的防滑垫板的弯曲变形。主、副牵引带用高强度、耐磨的纤维带制作而成。

脱困板的材质通常有锰钢、铝质以及高强度工程塑料。锰钢的脱困板坚固结实，任由车辆碾压不易变形损坏,可以作为大吨位车辆的过桥板使用。铝质和工程塑料的脱困板比较轻便实用,适用于 3t 以下的越野车使用。脱困板有不同的尺寸规格,适合不同车型选用。一般一部车配备一对脱困板就可以了(图 6-10)。

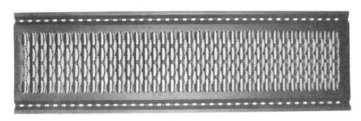

图 6-10　脱困板

6.2.4　折叠水桶

折叠水桶是一种不用时能折叠放置,不占据车内宝贵空间的盛水容器。折叠水桶又称伸缩式水桶,特点是体积小,能折叠,不漏水,不怕摔,经久耐用,适用于自驾外出旅游、锤钓、野营露宿等,用途非常广泛。

折叠水桶由桶身、桶底和提手三部分组成。桶身材料通常为合成防水布材料,桶底通常为塑料或者合成防水布材料,提手为工程塑料或者电镀钢丝(图 6-11)。

图 6-11　折叠水桶

6.2.5　车顶箱

驾车外出,往往需要携带比较多的物品,车内空间经常不够用,不能满足收纳的需求。而且,一些物品不适合放在车内,比如滑雪板、各种户外装备和护具,放在车内既要占用大量空间,又不利于车内清洁,还会成为安全隐患。

车顶箱也称为车顶行李箱、汽车行李箱,常被安装在汽车车顶,用于携带更多自驾装备、行李等。车顶箱拥有较大的收纳空间可装载许多物品,固定在车顶又不占据车内空间,取放物品方便,又有流线的造型和防风防盗防沙尘的设计,时尚又适用(图 6-12)。

图 6-12　车顶箱

1. 材质

第一代车顶箱使用玻璃钢,这种材料易破损、笨重、不美观、安全性也不高。第二代车顶箱使用 ABS 材料,性能有所改进,但是强度和耐老化性依然较差。第三代车顶箱使用 ABS+ASA 或者 ABS+PMMA 等改进型工程复合材料,强度、耐老化性和柔韧性更佳,箱体表面更加细腻柔和,被当前许多知名品牌采用。

车顶箱的容积一般在 300~550L 之间,可以根据需求选择。

2. 车顶箱的分类

车顶箱除了按大小或者长短来进行分类之外,还可以按开启方式分为后侧开启车顶箱、右侧开启车顶箱和双侧开启车顶箱。

后侧开启的车顶箱也称为尾部开启车顶箱,方便的从后部、左侧以及右侧取放物品。这一类的车顶箱具有很强的实用性,适合安装在小型轿车、MPV 或 SUV 等车型上。

右侧开启的车顶箱主要是从安全性的角度进行设计的。很多国家和地区的交通法规要求车辆靠右侧行驶,当汽车在路边停下取放东西的时候,从右侧开启车顶箱取放物品最安全。

双侧开启的车顶箱令取放物品更加方便快捷,无论交通法规要求是靠右侧行驶还是靠左侧行驶,都可以兼顾。此外,双侧开启对于安装和卸载车顶箱以及取放物品都是最方便的。双侧开启的车顶箱成本较高。

3. 车顶箱的品牌

在欧美发达国家,车顶箱比较普及,而中国的车顶箱市场才刚刚起步,因此车顶箱的知名品牌目前主要是国外品牌,有瑞典的"拓乐"和"Mont Blanc"、德国的"爱德乐"和"高明"、荷兰的"哈勃"、澳大利亚的"Rhino"和"Rola",新西兰的"Prorack"以及日本的"INNO"等。国内品牌有"启途"、"铠维"等。

4. 安装车顶箱后驾驶注意事项

汽车安装了车顶箱后,高度、重量和重心都发生了变化,需要及时调整驾驶习惯和方

式,以适应变化,保证行车安全。以下是安装车顶箱后驾驶的注意事项:

(1) 安装了车顶箱后,汽车侧向受力面增大,对侧向风更加敏感。

(2) 安装了车顶箱后,尤其是装载物品以后,汽车的重心提高了,在弯路行驶和刹车时须格外注意安全。

(3) 安装了车顶箱后,车的高度增加了,过低垂的树枝、地下通道、限高杆以及下地下车库时要格外小心。

(4) 要经常检查车顶架、车顶箱,确保固定牢固不松动。如果发现有松动,要及时紧固,排除安全隐患。

(5) 最高时速限制在 120km/h 以内。

6.2.6　防潮垫

防潮垫对于户外活动非常重要,既防地面湿气,起到隔离潮湿的作用,又能在一定程度上隔离虫蚁,还能够防硌,营造出一块相对平坦干净的地方。露营时,防潮垫能够起到一定的保暖作用(图 6 - 13)。

图 6 - 13　防潮垫

防潮垫有充气防潮垫、开放气室式防潮垫、封闭气室式防潮垫、自充气式防潮垫以及铝膜防潮垫等不同的种类。

1. 充气防潮垫

充气的防潮垫既可防潮,又柔软舒适。缺点是比较重,体积比较大,容易因破损而失去原有性能,保温性能一般。同时,需要充气设备,否则就要用嘴来吹气了。

2. 开放气室式防潮垫

由一种像海绵一样的泡沫材料制成。优点是比充气式防潮垫舒适、重量轻、保暖。缺点是防潮能力差,不宜在潮湿的环境下使用,压缩性较差(不易携带),使用寿命较短。

3. 封闭气室式防潮垫

由大量的微小封闭气室构成的泡沫材料制成。优点是有比较好的绝缘性、薄、防潮性佳。缺点是略重,当睡垫不舒适(太薄)。

4. 自充气式防潮垫

内部是开放式发泡防潮垫,外层是紧密的防水尼龙布外套,尼龙外套的角落上设有一个充气气阀以控制充气量。优点是舒适性好(跟开放式发泡防潮垫一样),隔绝性优于开放式发泡防潮垫,透过充气气阀可以调整防潮垫体积的大小,随时都能保持需要的厚度,扎实耐用。缺点是容易被刺破或撕裂,体积较大,较重。

5. 铝膜防潮垫

是在 EVA 发泡材料外覆盖一层铝膜制成。优点是防潮性能好,舒适性佳,轻便。缺点是容易破损。

还有一种不需充气的底席,材料是牛筋布加防水层,也能起到防潮作用,但舒适性比不上充气防潮垫。

6.2.7 折叠椅

折叠椅也称沙滩椅、休闲椅,折叠后携带方便,是户外驾车旅行必不可少的装备之一。驾车途中,看见好的风景,停下车取出折叠椅,坐下来欣赏美景,那会是一种特别的从容和怡然自得(图 6-14)。

图 6-14　折叠椅

折叠椅的面料通常采用防水双层 600D 牛筋布,支架采用直径为 14mm 、壁厚为 1mm 的无缝钢管,按照工程力学作的整体设计能够使各点受力均匀,扣件采用 ABS 工程塑料,最大承重一般为 120kg。

6.2.8 帐篷

帐篷,是撑在地上遮风避雨可供临时居住的棚子,可快速拆装,方便携带,是野外宿营必不可少的装备。有些帐篷拴在地面的桩子上固定,有些则是不固定的,直接扎在野外(图

6-15)。

图6-15 帐篷

1. 帐篷的种类

这里暂不探讨军用帐篷、施工帐篷以及救灾帐篷等。

(1)户外活动的帐篷按照使用性能分为三季帐篷、四季帐篷和可转换帐篷。

三季帐篷指适用于春季、夏季和秋季三个较温和的季节中使用。三季帐篷通常较轻,可以遮挡风雨,但是难以抵抗严寒。三季帐篷会有一定的通风设计,一般会设计成双层帐篷,分为内外帐,内帐有全卡丝网的内帐和半卡丝网的内帐。有的帐篷内外帐还可以拆分后单独使用,满足对不同季节的不同需求。

四季帐篷指适用于一年四季,能够在一定程度上抵御冬季的寒冷。因为需要适应不同季节的不同气候状况,四季帐篷比三季帐篷结实、厚重,通常会多一到两根支撑杆。

可转换帐篷是可以调整为三季帐篷的四季帐篷。从四季帐篷的支撑系统中拆掉一到两根支撑杆,拆掉或打开可拆卸的通风部件以加强通风,四季帐篷就转换成了三季帐篷。

(2)帐篷按照结构,分为双层帐和单层帐。

双层帐的外帐由防雨材料组成,一直延伸到帐底。内帐是提供睡觉的地方,不一定要防雨,有的是纱网。外帐与内帐之间有一定的间隙,高级的帐篷有专门的帐杆来保证风吹也无法使得两层帐互相接触。

一种单层帐是由单层防水帐布组成。另一种单层帐的顶是由一层防雨的顶组成,但这个顶不延伸到帐篷的边缘或者底部,透气性能好,适合于晴好天气下使用。

(3)按照支撑方式,帐篷分为支撑帐篷和自支撑帐篷。一般穹顶型的帐篷是可以自支撑的,它不需要额外的桩或者栓支撑就可以自行支立。自支撑帐篷可以轻易地抬起移位,像拎一个大充气气球一样。

充气帐篷应该属于自支撑帐篷。充气帐篷利用气体压强将气囊膨胀形成具有一定刚性的柱体,撑起帐篷。

(4)按照打开和收拢速度,帐篷分为普通帐篷和快开帐篷。快开帐篷采用高强度、高弹性钢丝或者玻璃纤维杆做帐篷的支撑,打开时依靠钢丝或者玻璃纤维杆的固定形状快速成型支撑帐篷,收拢时扭曲钢丝或者玻璃纤维杆使得帐篷成为一个圆形的饼状。

（5）帐篷按容量可分为单人帐、双人帐、三人帐以及可容纳多人的大本营帐。

（6）车顶帐篷。车顶帐篷是将帐篷架设于汽车顶部,既能避免地面潮湿和虫蚁的侵扰,又能高瞻远瞩尽享周边风光(图6-16)。

图6-16 车顶帐篷

2. 帐篷的材料与防水性能

帐篷面料可采用帆布、尼龙、皮毛、聚脂纤维等。由于布料吸水,在潮湿的情况下会变得非常重。但是湿布膨胀后其小孔被堵住,因此湿布比干布的防水性更好。尼龙和聚脂纤维比布轻,基本上不吸水,覆盖一定防水层后它们可以具有非常好的防水性能,但由于紫外线破坏,会逐渐老化。因为帐篷的接缝处容易漏水,现在通常将接缝处进行压胶处理。

帐篷的防水性能通常用防水度表示,防水度参数给出的是在多少毫米处的水压下依然防水。比如防水度1000mm的材料可以抵挡阵雨,防水度1500mm的材料可以在夏季宿营使用,终年在外的帐篷一般需要耐水度2000mm以上,要抵挡特殊情况的探险帐篷一般需要防水度3000mm以上。帐底的防水度一般需要在5000mm以上。

3. 帐篷的结构

帐篷通常有防雨层,用来抵挡外部的风雨。

如果是双层帐篷,外帐就是防雨层。防雨层也用来汲取内部蒸发和凝结的水,沿着层墙流到帐篷的底部。外墙与内墙之间必须有一定的距离,双方不能接触,这样内帐才能保持干燥。

帐篷底层被用来绝缘底部的潮湿。一般底层沿着帐篷底侧高起约15厘米,以防止下雨时地面的淤水流入帐篷内部。有些帐篷的帐底与内帐缝在一起,有些帐底是分离的。

帐杆提供结构支持。户外活动用的帐篷杆子可以拆开,以便于携带。帐杆材料有多种,包括金属、木头、玻杆和碳素杆等。

营钉是用来将帐篷固定在地面上的。有些营钉上可以固定绳子以拉住帐篷的杆子,有些则作为底层边缘的固定。营钉可以是木头的、塑料的或金属制的。

帐篷上通常设计有气窗以方便通风透气。许多帐篷的内墙是用透气材料作的,以帮助排除湿气。

有些帐篷还配有营底垫,用来保护帐底、减少磨损。营底垫是一个单独的防水布,放在帐底下面,面积比帐底略大。

6.2.9　车载充气床垫

车载充气床垫,功能多样,既可以铺在汽车后座营造出舒适的休息环境,又可以在户外露营时作为床垫使用(图 6 - 17)。

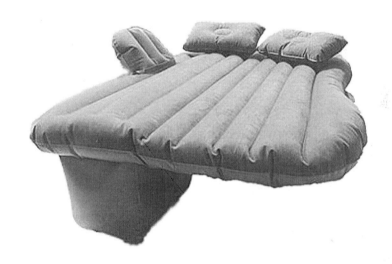

图 6 - 17　车载充气床垫

充气床垫的材质一般是采用带有植绒表面的 PVC 材料,柔韧性强,富有弹性,充气后能够承受较大的压力,与皮肤的亲密性比较好。收拢时,放完气后折叠起来体积很小,容易携带。

车载充气床垫通常要配套一个车载充气泵来使用。

6.2.10　抽油泵

户外自驾,可能会遇到在野外没有燃油的情况。如果遇到这样的情况,则需要从备用油箱或者其他车的油箱里吸取燃油,这时就要用到抽油泵。抽油泵就是从一个容器向另一个容器转移燃油的小装备,也称抽油器、换油器(图 6 - 18)。

抽油泵有电动的和手动的两类,抽油的原理一样。

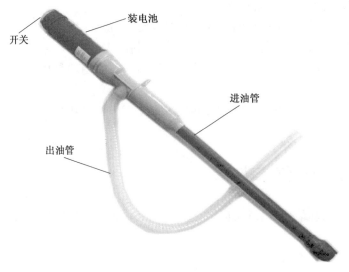

开关

装电池

进油管

出油管

图 6-18 抽油泵

复习思考题

1. 目前汽车安全应急用品主要包含哪些产品？

2. 简要介绍各种汽车安全应急用品的功能特点。

3. 儿童安全座椅有哪些分类和安装方法？

4. 如何鉴别儿童安全座椅的品质优劣？

5. 户外自驾用品主要包含哪些产品？

6. 拖车绳有哪几种？如何判断拖车绳的质量？

7. 如何选配搭火线？使用时需要注意哪些事项？

8. 现在的多功能折叠锹主要有哪些功能？脱困板有哪些种类？

9. 车顶箱有哪些种类？常用哪些材料以及有怎样的特点？

10. 防潮垫有哪些种类？各自有怎样的特点？

11. 帐篷有哪些种类？简要介绍不同类型帐篷的结构、材料与防水性能。

第7章

汽车用品营销

【学习目标】

1. 了解汽车用品的产品特点。
2. 掌握汽车用品销售的特点。
3. 了解汽车用品客户的消费特点。
4. 了解汽车用品营销的各种模式及其特点。
5. 掌握各种汽车用品定价策略的特点及适用范围。
6. 掌握汽车用品营销目标管理的方法和工具。

【本章重点】

1. 掌握汽车用品营销的特点。
2. 掌握汽车用品营销目标管理的方法和工具。

7.1　汽车用品营销的特点

汽车用品营销与汽车营销以及汽车配件营销存在许多共同之处,这里不作赘述。下面从汽车用品的产品特点、销售的特点以及客户的消费特点几个方面来阐述汽车用品营销的特点。

7.1.1　汽车用品的产品特点

1. 汽车用品不是必需品

汽车用品既不是生活必需品,也往往不是汽车必不可少的用品。汽车用品丰富和完善汽车的性能,提高汽车的美观性、驾乘的安全性和舒适性,属于锦上添花。

2. 汽车用品专车专用

汽车用品消费是汽车消费的延伸。汽车有各种各样的型号,每一种型号有不同的规格尺寸。因此,与汽车配套使用的汽车用品往往是专车专用的,也有不同的规格型号。这进一步增加了汽车用品的品种多样性和复杂性。

3. 客户难以了解具体性能特点

汽车用品的种类非常多,汽车业内人士都不一定能够全面了解,对于普通的汽车用户来说更是如此。同时,汽车用品从种类、设计、材质到品牌发展变化非常快,让客户很难透彻了解掌握具体的性能特点。

4. 一些汽车用品需要专业安装服务

一些汽车用品需要安装服务,如汽车改装用品必须要提供非常专业的安装服务。甚至一些简单的汽车用品,比如汽车坐垫,也需要提供安装服务或者指导。

7.1.2 汽车用品销售的特点

汽车用品的销售必须要符合汽车用品的特点,才能取得良好的效果。根据以上所说的汽车用品特点,汽车用品的销售要以引导为主。引导包括引导车主对产品的需求,引导车主对产品的认知,引导车主对产品的信任。

1. 引导车主对产品的需求

需求是需要引导的,尤其是对非生活必需品的需求。而我们人类最原始的生活必需品是很少的,只是食物、水、空气和阳光。其他的需求都是后来被引导出来的,有些已经成为现在的生活必需品。

有一个很著名的例子:有一家制鞋公司欲开发国外市场,派了一名推销员到非洲某个海岛上的国家,让他了解一下能否向该国卖鞋。这个推销员到了岛上后给总部发回一封电报说:"这里的人都习惯赤脚,不穿鞋,这里没有市场。"随即这名推销员就离开了那里。公司不死心,随后又派去另一名推销员。第二个推销员到了岛上后也给总部发回一封电报,说:"这里的人都是赤脚,还没有一个人穿鞋,这里市场巨大"。于是他开始在岛上教居民穿鞋,宣扬穿鞋的好处,并开始卖鞋,获得巨大成功。

上面的例子是引导需求的典型案例。许多汽车用品的需求也需要这样的引导。

2. 引导车主对产品的认知

引导车主对产品的认知包括两个方面,第一个方面是改变一些错误的认知,第二个方面是加深对产品的正确认知。

有些车主可能会从不同的途径获得或者产生对产品的错误或者片面认知,这需要通过引导来加以改变,促使其形成对产品正确的认知。还有些车主对产品的认知停留在比较浅显的层面,也需要通过引导来加深。好的产品只有被充分、正确的认知,才会形成真实的市场需求。

3. 引导车主对产品的信任

车主对产品的信任包括对产品品质、品牌、服务和价格的信任。有信任才有消费,因此引导车主对产品的信任非常重要。

车主对产品信任的基础是产品的品质,唯有良好的品质才能支撑起优秀的品牌。除此之外,合理的价格和优质的服务也是引导车主对产品信任的不可或缺的重要方面。

7.1.3 汽车用品客户的消费特点

因为汽车用品不是必需品,是用来完善汽车性能,提升驾乘体验的,所以汽车用品的消

费不是刚性的。针对汽车用品的特点,根据经验总结,汽车用品客户的消费主要有以下几个特点:

1. 追求个性

汽车用品的客户往往追求个性,追求与众不同,选购汽车用品是他们表现独特个性的方式和途径。因此,汽车用品的品种一定要多,款式一定要新颖,这样才能满足客户的个性化需求。

2. 对产品的认知差别大

汽车用品客户对产品的认知差别非常大,这里甚至包含地理的因素、历史的因素、人文的因素和产品本身发展的因素。这些认知差异会对汽车用品的消费产生很大的影响,包括有利的影响和不利的影响。这也是同样的产品在不同的地方对不同的人群有不同的销售业绩的原因之一。

因此,汽车用品销售人员要善于与客户沟通,善于倾听,多了解掌握客户对产品的认知,然后从有利于销售的角度加以引导。

3. 追求品质,讲究品牌

汽车用品消费是非必需品消费,是为了提升驾乘体验,是为了满足包括安全需要、与人交流的需要、受人尊重的需要和实现自我价值的需要在内的人的高层次需要,因此大都追求优越品质,讲究品牌知名度,愿意购买高品质的名牌产品。同时,客户因为自己非专业,对产品的识别能力不高,通常会担心买到假冒伪劣产品,担心上当受骗。因此,汽车用品品牌的建立与维护非常重要。

7.2　汽车用品营销模式

汽车用品种类繁多,其营销模式也多种多样,不断翻新演变。归纳起来,可以分为以下几种。

7.2.1　体验式营销

传统的营销理念,企业强调"产品"。但是合乎品质要求的产品,消费者不一定满意。现代的营销理念强调"服务",然而即使有了满意的服务,顾客也不一定忠诚。未来的营销趋势将崇尚"体验",企业只有为客户造就"难忘的体验",才会赢得用户的忠诚。

体验式营销是指在销售当中,让客户参与其中,亲身体验产品的功能性,在不同产品的对比下,体现销售产品的优点,从而进行一系列产品的销售的行为。体验式营销,在全面客户体验时代,不仅需要对用户深入和全方位的了解,而且还应把对使用者的全方位体验和尊重凝结在产品层面,让用户感受到被尊重、被理解和被体贴。体验营销针对汽车用品的特点,让消费者在体验中产生消费需求,并进而转化为消费行为。

体验式营销的依据在于消费者的情感需求比重在增加、消费需求日趋差异性和个性化、消费者价值观与信念迅速转变、消费者关注点向情感性利益转变。

当企业对产品的功能和服务的质量做的相当出色时,体验式营销可以激发出顾客高层次的需求,引导消费。如果企业的产品功能和服务质量不能给客户良好的体验,体验式营销反而会带来负面的效应,导致消费者的反感和厌弃。

体验式营销有以下几个特点。

1. 关注顾客的体验

体验是一个人对经历事物的内心感受,是综合性的。企业应注重与顾客的沟通,了解顾客的内心需求,站在顾客体验的角度去审视自己的产品和服务。

2. 以体验为导向设计、制作和销售产品

同样的产品,比如玻璃贴膜,当从工厂成卷成箱的卖出来时,价格最低。当被运到普通的贴膜店,它的价格提高了,但是不多。如果是在高档的汽车美容店,一边让客户在舒适的休息区品茶等待,一边在无尘的工作间为客户贴膜,收费就高得多。这就是"体验"的价值。增加产品的"体验"含量,能为企业带来可观的经济效益。

3. 检验消费情景

营销人员不再孤立的去思考一个产品(质量、包装、功能等),而要通过各种手段和途径(娱乐、店面、人员等)来创造一种综合的效应以提升消费体验。不仅如此,还要跟随消费文化变化趋势,考虑消费所表达的内在价值观念、消费文化和生活的意义,检验消费情境,综合考虑各个方面来扩展其外延,并在较广泛的社会文化背景中提升其内涵。顾客购物前、中、后的体验是增加顾客满意度和品牌忠诚度的关键因素。

4. 顾客既是理性的又是情感的

一般的说来,顾客在消费时经常会进行理性的选择,但也会对狂想、感情和欢乐有所追求。企业不仅要从顾客理性的角度去开展营销活动,也要考虑消费者情感的需要。

5. 体验要有一个"主题"

体验要先设定一个"主题",体验式营销以这个主题为中心,所有服务都围绕这个主题。这些"体验"和"主题"不是随意出现,而是营销人员精心设计出来的。因此,体验式营销包含计划、实施和控制等一系列管理过程。

6. 方法和工具有多种来源

体验是五花八门的,体验式营销的方法和工具也种类繁多。企业要善于寻找和开发适合自己的营销方法和工具,并且不断的推陈出新。

7.2.2　一对一营销

现在是一个个性化消费时代,大众化消费时代即将结束。现在的消费者可以随心所欲地提出各种要求,以获取特殊的、与众不同的服务。即使部分消费者在总体上依然和大众保持同质化的产品或服务消费,但是也期望在送货、付款、功能和售后服务等方面,商家能够满足其特别的需求。因为每个顾客都有不同的需要,因而,通过市场细分将一群顾客划归为有着共同需求的细分市场的传统做法,已不能满足每个顾客的特殊需要。现代数据库技术和统计分析方法已能准确地记录并预测每个顾客的具体需求,从而为每个顾客提供个性化的服务。

传统营销,是从产品的角度经营,一次关注一种产品或服务,满足一种基本的顾客需求,然后挖掘市场,尽可能多地找到在当前销售季节中有同样需求的顾客,即以某种产品或服务为营销中心。而一对一营销,不是一次关注一种需求,而是一次关注一位顾客,尽可能多地满足这位顾客的需求。它关注的中心是顾客。实行传统营销的公司其成功方向是赢得更多的顾客,而实行一对一营销的公司其成功方向是更长久地留住顾客。

一对一营销,也称121营销、数据库营销或者关系营销,是一种客户关系管理,为公司和个人间的互动沟通提供具有针对性的个性化方案。从本质上来说,一对一营销是一种"忠诚度营销",旨在通过影响获利行为、树立客户忠诚度,实现客户终生价值的最大化。

一对一营销不只关注市场占有率,还关注每一位客户的购买额,也就是在一对一的基础上提升对每一位客户的占有程度。传统营销靠区分产品来进行竞争,而一对一营销靠区分顾客来竞争。传统营销通过推出新产品以及对产品进行延伸,尽量对产品进行实际意义上的区分,或者利用品牌和广告制造出一种观念上的区分;而一对一营销的企业一次照料一位顾客,将每一位顾客与其他人区分开来。

一对一营销针对每个客户创建个性化的营销沟通,企业必须与顾客互动交流,根据从顾客反馈信息来提供量身定制的产品或服务。

一对一营销是一个比较复杂的机制,它不仅意味着每个营销人员要时刻保持态度热情、反应灵敏,更主要也是最根本的是,它要求能识别、追踪、记录每个消费者的个性化需求并与其保持长期的互动关系,最终能提供个性化的产品或服务。所以,一对一营销的核心是企业与顾客建立起一种新型的服务关系,即通过与顾客的一次次接触而不断增加对顾客的了解。企业可以根据顾客提出的要求以及对顾客的了解,生产和提供完全符合特定顾客的特定需要的产品或服务。即使竞争者也进行一对一的关系营销,你的顾客也不会轻易离开,因为他还要再花很多的时间和精力才能使你的竞争者对他有同样程度的了解。

下面是实现一对一营销的四个步骤。

1. 识别顾客

"销售未动,调查先行"。拥有顾客的详细资料对企业来说非常关键,没有理想的顾客个人资料就不可能实现一对一营销。因此,要对顾客资料进行深入细致的调查和了解,挖掘出一定数量的企业顾客,尤其是具有较高服务价值的企业顾客,建立顾客库,并与顾客库中的每一位顾客建立良好关系,以最大限度地提高每位顾客的服务价值。

识别顾客的两个要点:

(1)必须深入了解顾客。仅仅知道顾客的名字、住址、电话号码或银行账号是远远不够的,必须掌握包括消费习惯、个人偏好在内的其他尽可能多的信息资料。企业可以将自己与顾客发生的每一次联系都记录下来,例如顾客购买的数量、价格、采购的条件、特定的需要、业余爱好、家庭成员的名字和生日等等。

(2)必须坚持长期研究。仅仅对顾客进行一次调查访问不是一对一营销,一对一营销要求企业必须从每一个接触层面、每一条能利用的沟通渠道、每一个活动场所及公司每一个部门和非竞争性企业收集来的资料中去认识和了解每一位特定的顾客。

2. 顾客差别化

一对一营销从传统营销的注重产品差异化转向注重顾客差异化。顾客差异化主要体现在两个方面:一是不同的顾客代表不同的价值水平;二是不同的顾客有不同的需求。因此,在充分掌握了顾客的信息资料并考虑了顾客价值的前提下,合理区分顾客之间的差别是一对一营销的重要工作。

顾客差异化对开展一对一营销的企业来说有许多益处。第一,可以使企业的营销工作有的放矢,集中企业有限的资源从最有价值的顾客那里获得最大的收益。企业不可能有同样的精力与不同的顾客建立同样的服务关系,也不可能从不同的顾客那里获取相同的利润。第二,企业也可以根据顾客信息,重新设计生产行为,从而对顾客的价值需求做出及时的反应。第三,企业对现有的顾客库进行一定程度的差别化,将有助于企业在特定的经营环境下制定适当的经营战略。

在这一过程中,企业应该选取准备长期与之发生业务关系的客户,将他们的详细资料输入顾客资料库,针对不同的顾客以不同的访问频率和不同的通信方式来探询目标顾客的意见。最后,按企业从顾客那里获得的经济收益将顾客划分为 A、B、C 三个等级,以便确定下一步如何沟通。

3. "企业—顾客"双向沟通

当企业在对个体顾客做进一步了解时,会发生"公司在学习,顾客在教授"这样的互动情况。一对一营销的关键之处在于它能够和顾客之间建立一种互动的学习型关系,并把这种学习型关系保持下去,以发挥最大的顾客价值。

一对一营销企业要善于创造机会让顾客告诉企业他需要什么,并且记住这些需求,给顾客以反馈,以期永远保住该顾客的业务。

建立学习型关系有两个必备的要求:

(1)企业必须是一个成功的、具有成本效益的量身定制者,具备有效的设计接口和精确的顾客规格记忆。能够通过简便的方式使顾客确切地说明他的需求。

(2)顾客必须付出努力,才能把这些规格要求提供给公司。如果顾客付出努力提供给公司需求信息后,能够得到个性化的、满意的产品或服务作为回报,可以促使顾客更忠诚,也会更加愿意付出努力给公司提供他的个性化的需求。顾客的主动权越大,对话就会变得越丰富、越有益。

4. 业务流程重构

一对一营销的最后一步是重新架构企业的业务流程。要实现这一步,企业可以从以下几个方面展开对生产过程进行重构:

(1)将生产过程划分出相对独立的子过程,进行重新组合。设计各种微型组件或微型程序,以较低的成本组装各种各样的产品以满足顾客的需求。

(2)采用各种设计工具,根据顾客的具体要求,确定如何利用自己的生产能力,满足顾客的需要。

一对一营销最终实现的目标是为单个顾客定制一件产品,或围绕这件产品提供某些方面的定制服务,比如开具发票的方式、产品的包装式样等。一对一营销的实施是建立在定制的利润高于定制的成本的基础上的,这就要求企业的营销部门、研发部门、制造部门、采购部门和财务部门之间通力合作。营销部门要确定满足顾客所要求的定制规格,研发部门要对产品进行高效率的重新设计,制造与采购部门必须保证原材料的有效供应和生产的顺利进行,财务部门要及时提供生产成本状况与财务分析。

7.2.3　全球地方化营销

全球化营销是指在全球采用统一的标准化营销策略,前提是各国市场相似,具有规模经济的优点。地方化营销则是指针对各个地方市场的不同需求制定对应的营销策略,适合于在各地市场存在较大差异的情况下使用,但成本昂贵。全球地方化营销模式是将以上两者结合起来,综合两者的优点,是一种"全球化思考、地方化行动"的战略。

对跨国公司占领全球市场、推动全球营销战略而言,国际化和本土化是一个问题的两个方面。实现营销的国际化,是跨国公司终极的营销战略目标。为了实现这一战略目标,跨国公司必须适应各国市场目标消费者的差异性需求,最大限度地实现国际化与本土化的有机结合,做到"思考全球化,行动本土化"。

全球化战略要求从全球的角度来考虑资金、生产和销售(客户)的问题,在资金成本最低的地方融资,在成本效益最高的地方生产,然后在利润最大的地方销售。本土化包括资源的本土化、产品生产和制造的本土化、品牌本土化、销售渠道本土化和促销方式本土化。

取得全球地方化营销成功最关键的一步是仔细研究各个市场,找出不同市场的共性与差别,在不同国家实施时作适当的调整,从而满足各个市场的不同要求。

信息技术的飞速发展使世界变得越来越小,也大大推进了全球一体化的进程。一体化与多元化决定了全球地方化营销战略生逢其时。特别是在地域广阔、人口和民族众多、各地经济发展不平衡的中国,全球地方化营销可以演变为全国地方化营销。

7.2.4　品牌营销

品牌是企业、产品和服务的标识,是一种反映企业综合实力和经营水平的无形资产,在市场营销中具有举足轻重的地位和作用。品牌营销是把企业的产品特定形象通过某种手段深刻地映入消费者的心中,是通过市场营销使客户对企业品牌和产品的认知过程,是利用品牌符号把产品输送到消费者心里,使消费者选择消费时通过品牌认产品。

企业通过利用消费者对产品的需求,然后用产品的质量、文化以及独特性的宣传来创造一个品牌在用户心中的价值认可,最终形成品牌效益的营销策略和过程。品牌营销把企业的形象、知名度、良好的信誉等展示给消费者,从而在消费者的心目中形成对企业的产品或者服务品牌形象。

品牌建立在有形产品和无形服务的基础上。有形产品是指产品的新颖包装、独特设计以及富有象征性意义和吸引力的名称等,服务是在销售过程当中或售后服务中给顾客的感觉。品牌营销的前提是产品要有质量和服务上的保证,这样才能得到消费者的认可。

1. 品牌营销的策略

品牌营销包括品牌个性、品牌传播、品牌销售、品牌管理四个策略。

品牌个性:包括品牌命名、包装设计、产品价格、品牌概念、品牌代言人、形象风格、品牌适用对象等内容。

品牌传播:包括广告风格、传播对象、媒体策略、广告活动、公关活动、口碑形象、终端展示等内容。

品牌销售:包括通路策略、人员推销、店员促销、广告促销、事件行销、优惠酬宾等内容。

品牌管理:包括队伍建设、营销制度、品牌维护、终端建设、士气激励、渠道管理、经销商管理等内容。

2. 品牌营销的要素

品牌营销有以下五个要素。

1) 质量第一

产品质量是品牌的基础,品牌的兴盛依赖于质量的卓越和稳定。一旦质量下降,品牌价值将随之消散。因此,品牌营销必须高度重视产品质量,始终将质量放在第一位。

2) 诚信至上

人无信不立,同理,品牌失去诚信,也将行之不远。欺骗消费者的企业必将被消费者抛弃。靠虚假炒作建立的品牌知名度是没有什么实际价值的,因为那样不能长久。

3) 定位准确

市场定位是市场营销的灵魂。成功的品牌都有一个特征,就是始终如一将品牌的功能与消费者的心理需要连接起来,并能将品牌定位信息准确地传达给消费者。

市场定位不是对产品本身采取行动,是对潜在消费者的心理采取行动,是在消费者心目中给产品寻找一个恰当的位置,是品牌营销的一个关键环节。

4) 个性鲜明

产品一定要有特点,要特色鲜明,就像吉普车适合于越野、轿车适合于城市、赛车适合于运动比赛一样。产品要在充分体现独特个性的基础上力求单一和准确。单一可以赢得目标群体较为稳定的忠诚度和偏爱。准确能提升诚信指数,成为品牌营销的着力支点。

5) 巧妙传播

在同质化的市场竞争中,传播能够创造出差异化的品牌竞争优势。品牌的创立除了需要前述四个方面作为基础之外,独特的产品设计、优秀的广告创意、合理的表现形式、恰当的传播媒体、最佳的投入时机、完美的促销组合等也是非常重要的组成部分。

7.2.5 网络营销

网络营销,也称电子商务,是当前发展最为迅猛,前景最为广阔的营销模式,是指基于互联网平台,利用信息技术与软件工具实现商家与客户之间交换概念、产品和服务的过程,通过在线活动创造、宣传、传递客户价值,并且对客户关系进行管理,以达到一定营销目的的营销活动。简单而言,凡是以互联网为主要手段进行的、为达到一定营销目标的营销活动,都可称为网络营销。

1. 网络营销的特点

网络营销能够给企业提供直接面向消费者的平台,这不仅降低了企业的销售成本,使产品的价格可以实现价格的最小化,使企业获得最大利益,而且还能突出产品销售过程的价格优势,缩短产品与消费者之间流通的时间。

网络营销还有传播广、信息量大、投入产出比高的特点。21世纪是网络时代,互联网成了各种信息传播的主流载体,消费者对网络营销逐渐接受并信赖。

网上购物的主体有以下特征:年轻、富裕、有知识、个性化、需求广泛、求新颖、求方便等。

2. 网络营销分类

网络营销的历史虽然不长,但是已经发展出众多的形式。按照交易对象,网络营销可以分为企业对企业(B2B)、企业对消费者(B2C)、消费者对消费者(C2C)、线上到线下(O2O)、团购(B2T)等。

1) B2B

B2B(Business to Business),企业对企业网络营销,是指进行网络营销的供需双方都是企业。比如阿里巴巴网站,就是一个可以进行 B2B 交易的平台。

2) B2C

B2C(Business to Customer),企业对消费者网络营销,是指供方为企业需求方为顾客的网络营销。B2C 模式是比较早的网络营销模式,B2C 电子商务网站非常多,比较大型的有天猫商城、京东商城、一号商城、亚马逊、苏宁易购、国美在线等。

3) C2C

C2C(Consumer to Consumer),消费者对消费者网络营销,实际上应该称为"个体对个体网络营销",是指进行网络营销的供需双方都是个体。比较著名的 C2C 商务平台如淘宝网,就是通过为买卖双方提供一个在线交易平台,使卖方可以主动提供商品上网拍卖,而买方可以自行选择商品进行竞价。

4) O2O

O2O(Online to Offline),线上到线下网络营销,即将线下商务的机会与互联网结合在一起,让互联网成为线下交易的前台。线下服务可以在线上进行揽客,消费者可以在线上筛选服务,成交后可以在线进行结算。

5) B2T

B2T(Business To Team),原本是一个团队向商家采购。而今,很多互不认识的消费者,借助互联网的"网聚人的力量"来聚集资金,以团队的形式从商家获得最优的价格,商家借此营销,双方取得共赢的效果。

7.2.6　文化营销

文化营销是一个组合的概念,就是利用文化力进行营销,是企业营销及相关人员在企业核心价值观念主导下所形成的营销理念以及所塑造出的营销形象在具体的市场运作过程中结合所形成的一种营销模式。文化营销强调企业的理念、宗旨、目标、价值观、职员行为规范、经营管理制度、企业环境、组织力量、品牌个性等文化元素,其核心是理解人、尊重人、以人为本,调动人的积极性与创造性,关注人的社会性。在文化营销观念下,企业的营销活动给予产品、企业、品牌以丰富的个性化的文化内涵。

文化是土壤,产品是种子,营销好比是在土壤里播种、耕耘,培育出品牌这棵树苗。文化营销把商品作为文化的载体,通过市场交换进入消费者的意识,它在一定程度上反映了消费者对物质和精神追求的各种文化要素。文化营销既包括浅层次的构思、设计、造型、装潢、包装、商标、广告、款式,又包含对营销活动的价值评判、审美评价和道德评价。

1. 文化营销的原则

在文化营销观念下,企业的营销活动奉行以下几项原则:

(1)给予产品、企业、品牌以丰富的个性化的文化内涵。

(2)强调企业中的社会文化与企业文化,而非产品与市场。

(3)努力从文化的角度、人的地位来考虑和检验公司的经营方针。

企业文化是企业全体员工认同的和共有的核心价值观念,它规定了人们的基本思维模式和行为方式。优秀的企业文化既可以吸引外部优秀的营销人员来为本企业效力,还可以使本企业内部员工紧密团结在一起,为一个共同的目标而努力,从而达到人力资源的优化配置,确保企业经营业绩的不断提高。就大的方面而言,知识经济这个时代,人们在消费物质形态产品的同时,更加注重消费文化形态的产品。从这个角度看,企业最大的效益是由文化创造的,利用文化力营销,从而优化资源配置,推动经济发展。文化营销是实实在在的生产力。

2. 文化营销的运作流程

文化营销的运作一般包含以下几个流程:

(1)总览文化态势。

(2)观察文化变化。

(3)捕捉文化观念。

(4)创造文化趋势。

(5)扩展文化外延。

(6)形成文化创意。

3. 文化营销注意事项

文化营销既不是喊口号也不是玩花拳绣腿,既需要形式更需要内容。内容决定形式,形式是内容的体现,二者辩证统一。有些企业在文化营销时往往只重视形式忽略了内容。有的企业只注重产品的包装不重视产品的质量,有的企业在文化建设中提出一些口号但并不执行,有的企业只做广告宣传而不强调企业理念和企业行为建设,结果是徒有其表,徒具虚名。

企业的文化营销是一个整体,一个有机的系统。企业文化建设是企业文化营销的前提和基础,企业没有良好的健康的全面的文化建设,文化营销就成了无源之水、无本之木。企业分析和识别不同环境的文化特点是文化营销的中间环节和纽带,在企业文化建设的基础上,只有对不同环境的文化进行分析才能制定出科学的文化营销组合策略。

在实施文化营销过程中应该注意以下几点:

(1)人性化。文化要符合、满足人的精神需求。

(2)个性化。文化要有特点,有个性,有企业自己的特色。

(3)社会性。文化营销要充分挖掘社会文化资源并回归社会。

(4)生动性。文化营销技术要灵活、创新、形象、易传播。

(5)公益性。营销活动必须将文化有机融进营销,对社会公众有益。

7.3 汽车用品定价策略

价格是影响交易成败的重要因素,也是市场营销组合中最难以确定的因素。企业定价的目标是促进销售,获取利润。给产品定价时,企业既要考虑成本的补偿,又要考虑消费者对价格的接受能力。价格竞争是一种十分重要的营销手段,在市场营销活动中,企业为了实现自己的经营战略和目标,经常根据不同的产品,市场需求和竞争情况,采取各种灵活多变的定价策略,使价格与市场营销组合中的其他因素更好地结合,促进和扩大销售,提高企业的整体效益。汽车后市场定价策略主要有新产品定价策略、产品组合定价策略、折扣与折让定价策略、心理定价策略、地理定价策略和差别定价策略六种。

7.3.1　新产品定价策略

新产品定价策略主要有撇脂定价策略、渗透定价策略和满意定价策略。

1. 撇脂定价策略

撇脂定价策略是一种高价格策略,即在产品生命周期的最初阶段,把产品的价格定得很高,以攫取最大利润的价格策略。这种定价策略因类似于从牛奶中撇脂奶油而得名。

实行撇脂定价策略的条件:

(1) 新产品比市场上现有产品有显着的优点,无类似替代品。

(2) 市场有足够的购买者,他们的需求缺乏弹性,即使把价格定得很高,市场需求也不会大量减少。

(3) 高价能给人以高档产品的印象,能刺激车主购买而不致引起车主反感。

(4) 高价也许使需求有所减少,但不致抵消高价所带来的利益。

(5) 短期需求旺盛的产品以及对未来需求难以预测的产品。

撇脂定价策略的优点:第一,有利于生产者尽快收回投资并获得较高利润,以迅速扩大生产,满足市场需要。第二,具有较大的降价空间。如果预先估计有错误,高价影响了销售量时,可以降价销售。第三,以高价来提高产品身份,在车主心目中树立高价、优质、名牌的印象。

撇脂定价策略的缺点:第一,当新产品的声誉还未建立起来时,实行高价投放不利于占领和稳定市场。第二,高价导致的高利润会吸引竞争者加入,刺激替代品、仿制品的出现。

2. 渗透定价策略

渗透定价策略是一种低价格策略,是指汽车用品企业把新产品的价格定得相对较低,以吸引大量车主,提高市场占有率的策略。

实行渗透定价策略的条件:

(1) 市场需求对价格极为敏感,低价会刺激市场需求迅速增长。

(2) 企业的生产成本和经营费用会随着生产经营规模的增加而下降。

(3) 低价不会引起实际和潜在的竞争。

渗透定价策略的优点是:第一,有利于新产品尽快被市场接受,提高市场占有率。第二,低价可阻止竞争者加入,减缓了市场竞争的激烈程度。

渗透定价策略的缺点:第一,一旦市场占有率扩展缓慢,收回成本速度也慢。第二,有时低价会使车主怀疑商品的质量。

3. 满意定价策略

满意定价策略又称为中间价格策略,是一种介于撇脂定价策略和渗透定价策略之间的价格策略。其所定的价格比撇脂价格低,而比渗透价格要高,是一种中间价格。这种定价策略由于能使企业和消费者都比较满意而得名。有时它又被称为"君子价格"或"温和价格"。

满意定价策略的最大优点是"稳",通过对前面两种策略的调和和折中来避免前两者的明显缺点,但同时也在很大程度上将前面两种策略优点抹杀了。

7.3.2 产品组合定价策略

产品组合定价策略是对不同组合产品之间的关系和市场表现进行灵活定价的策略。一般是对相关商品按一定的综合毛利率联合定价。对于互替商品,适当提高畅销品价格,降低滞销品价格,以扩大后者的销售,使两者销售相互得益,增加企业总盈利。对于互补商品,有意识降低购买率低、需求价格弹性高的商品价格,同时提高购买率高而需求价格弹性低的商品价格,取得各种商品销售量同时增加的良好效果。

常用的产品组合定价形式有以下几种。

1. 产品线定价

在定价时,首先,确定某种产品的最低价格,该产品在产品线中充当领袖价格,吸引车主购买产品线中的其他产品。其次,确定产品大类中某种商品的最高价格,该产品在产品线中充当品牌质量和收回投资的角色。再者,产品大类中的其他产品也分别依据其在产品大类中的角色不同而制定不同的价格。

企业进行产品线定价应注意的是,产品线中不同产品的价差要适应车主的心理预期。价差过大,会诱导车主趋向于购买某一种低价产品;价差过小,会使车主无法确定选购目标。

2. 选择品定价

在提供主要产品的同时,还附带提供任选品或附件与之搭配。例如,某生产汽车座垫座套的企业,还生产头枕、挂件、摆件、车贴等。

3. 补充品定价

有些产品需要附属或补充产品,例如,汽车氙气灯需要附属汽车灯泡。汽车后市场企业有时为主要产品制定较低的价格,而为附属产品制定较高的价格。车主一旦购买了主体产品以后,还须购买附带产品,汽车后市场企业可以通过提高附带产品的价格来弥补主体产品低价造成的损失,并获取长期的利益。

4. 分部定价

服务性企业经常收取一笔固定费用,再加上可变的使用费。

5. 产品系列定价

汽车后市场企业经常以某一价格出售一组产品,这组产品的价格低于单独购买其中每一产品的费用总和。采用这种策略,必须使价格优惠到有足够的吸引力,否则就不会有人乐于购买。同时,还必须防止出现引起车主反感的硬性搭配。

6. 产品统一定价

汽车后市场企业对于生产的各种产品,制定相同的价格。这样,不仅便于企业核算,车主也不用在价格上思考太多。例如,某车膜企业生产的汽车膜根据可见光透光率的不同分为 UP60、UP40、UP30、UP20 四个型号,其中,UP60 的可见光透光率为 60%,可见光透光率最高;UP20 的可见光透光率为 20%,可见光透光率最低。它们的生产成本虽然不一样,但定价一样。

7.3.3　折扣与折让定价策略

折扣定价是指对基本价格作出一定的让步,直接或间接降低价格,以争取顾客,扩大销量。其中,直接折扣的形式有数量折扣、现金折扣、功能折扣、季节折扣,间接折扣的形式有回扣和津贴。

汽车后市场企业为了鼓励 4S 店、经销商、车主等及早付清货款、大量购买、淡季购买,还可以酌情降低其基本价格,这种价格调整叫做价格折扣或折让。

1. 现金折扣

也称付款期限折扣,即对现金交易或按约定日期提前付款的 4S 店、经销商、车主等给予的价格折扣。它是为鼓励买方提前付清货款而采用的一种减价策略,目的是为了加速资金周转,降低销售费用和经营风险。其折扣率的高低,一般由买方提前付款期间利息率的多少、提前付款期限的长短和经营风险的大小来决定。

2. 批量折扣

根据购买数量多少而给予不同程度的价格折扣。它是为鼓励买方大批量购买或集中购买产品而采用的一种价格策略。一般来说,购买的数量或金额越大,给予的折扣也就越大。批量折扣有一次折扣和累计折扣两种形式。

(1) 一次折扣。是指按照单项产品一次成交数量或金额的多少,规定不同的价格折扣率。一般适用于能够大量交易的单项产品,用于鼓励买方大批量购买。例如汽车太阳膜。

(2) 累计折扣。是指在一定时期内购买一种或多种产品的数量或金额超过规定数额时,给予买方的价格折扣。折扣的大小与成交数量或金额的多少成正比。一般适用于单位价值较小,花色品牌复杂,不宜一次大量进货的产品,以及汽车后市场设备等。例如,汽车座垫、内外装饰品等。

3. 交易折扣

也称功能性折扣,是指企业根据交易对象在产品流通中的不同地位和功能,以及承担的职责给予不同的价格优惠。企业实行何种价格折扣,是以买方在产品流通中发挥何种作用为依据的。为鼓励各类经营企业的积极性,各种折扣和差价应补偿其必要的流通费用,并提供合理利润。

4. 季节折扣

企业对于购买非应季产品的一种价格优惠。一些产品常年生产、季节消费,例如,汽车防冻液,宜采用此策略。目的在于鼓励车主在淡季提前订购和储存产品,使企业生产保持相对稳定,也减少因存货所造成的资金占用负担和仓储费用。

5. 价格折让

价格折让有多种方式。比如,经销商同意参加制造商的促销活动,则制造商卖给经销商的物品可以打折扣,这称为做促销折让;还有以旧换新折让等。

企业考虑实行折扣与折让战略,是由竞争对手的实力、折扣的成本、市场总体价格水平三个主要因素决定的。此外,企业流动资金的成本、金融市场汇率变化、中间商的态度等都是需要考虑的因素。

7.3.4 心理定价策略

每一件产品都能满足消费者某一方面的需求,其价值与消费者的心理感受有着很大的关系。这就为心理定价策略的运用提供了基础,使得企业在定价时可以利用消费者心理因素,有意识地将产品价格定得高些或低些,以满足消费者生理的和心理的、物质的和精神的多方面需求,通过消费者对企业产品的偏爱或忠诚,扩大市场销售,获得最大效益。心理定价策略就是针对顾客心理而采用的一类定价策略,主要应用于零售,有下列五种。

1. 尾数定价策略

尾数定价,也称零头定价或缺额定价,即给产品定一个零头数结尾的非整数价格。大多数车主在购买产品时,尤其是购买一些汽车内饰品和外饰品时,乐于接受尾数价格。如9.8元、99.8元等。车主通常认为199元的商品比200元钱的商品便宜很多,而201元的商品太贵,实际上只差1元钱。

尾数定价策略之所以能取得较好的实践效果,主要因为其具有如下两种心理功能:第一,它能给车主造成价格偏低的感觉,如果某种商品定价为98元,虽然比100元只少了2元钱,但人们会习惯地认为这是几十元钱的开支,比较便宜。而同一商品若是价格定为100元,人们就会认为是上百元的开支,贵了很多。第二,它容易给车主留下一种数字中意的感觉,在不同的国家、地区或不同的消费群体中,由于民族风俗习惯、文化传统和信仰的影响,往往存在对某些数字的偏爱或忌讳,例如中国人一般喜欢"8"和"6",认为"8"代表发财,"6"代表六六大顺,吉祥如意;美国人则讨厌"5"和"13",认为这些数字不吉利。

2. 整数定价策略

整数定价与尾数定价正好相反,汽车后市场企业有意将产品价格定为整数,以显示产品具有一定质量。整数定价多用于价格较贵的耐用品,以及车主不太了解的产品。对于价格较贵的高档产品,车主对质量较为重视,往往把价格高低作为衡量产品质量的标准之一,容易产生"一分价钱一分货"的感觉,从而有利于销售。

3. 声望定价策略

声望定价即针对车主"便宜无好货、价高质必优"的心理,对在车主心目中享有一定声望,具有较高信誉的产品制定高价。不少高级名牌产品和稀缺产品,如豪华轿车、名牌轮胎、名人用过的物品等,在车主心目中享有极高的声望价值。购买这些产品的人,往往不在乎产品价格,而最关心的是产品能否显示其身份和地位,价格越高,心理满足的程度也就越大。

4. 习惯定价策略

有些产品在长期的市场交换过程中已经形成了为车主所适应的价格,成为习惯价格。企业对这类产品定价时要充分考虑车主的习惯倾向,采用"习惯成自然"的定价策略。对车主已经习惯了的价格,不宜轻易变动。降低价格会使车主怀疑产品质量是否有问题。提高价格会使车主产生不满情绪,导致购买的转移。在不得不需要提价时,应采取改换包装或品牌等措施,以减少抵触心理,并引导车主逐步形成新的习惯价格。

5. 招徕定价策略

这是适应车主"求廉"的心理,将产品价格定得低于一般市价,个别的甚至低于成本,以吸引车主、扩大销售的一种定价策略。采用这种策略,虽然几种低价产品不赚钱,甚至亏本,但从总的经济效益看,由于低价产品带动了其他产品的销售,汽车后市场企业还是有利可图的。

7.3.5 地理定价策略

地理定价策略是根据商品交货地点的不同而制定价格的策略。主要有下列五种:

1. 产地交货定价

产地交货定价是指卖方按出厂价格交货或将货物送到买方指定的某种运输工具上交货的价格。在国际贸易术语中,这种价格被称为离岸价格或船上交货价格(FOB)。交货后的产品所有权归买方所有,运输过程中的一切费用和保险费均由买方承担。产地交货价格对卖方来说较为便利,费用最省,风险最小,但对扩大销售有一定负面影响。

2. 目的地交货定价

目的地交货定价是指由卖方承担从产地到目的地的运费及保险费的价格。在国际贸易术语中,这种价格被称为到岸价格或成本加运费和保险费价格。还可分为目的地船上交货定价、目的地码头交货定价以及买方指定地点交货定价。目的地交货定价由出厂价格加上产地至目的地的手续费、运费和保险费等构成,虽然手续较繁琐,卖方承担的费用和风险较大,但有利于扩大产品销售。

3. 统一交货定价

统一交货定价,也称送货制定价,是指卖方将产品送到买方所在地,不分路途远近,统一制定同样的价格。这种价格类似于到岸价格,其运费按平均运输成本核算,这样,可减轻较远地区顾客的价格负担,使买方认为运送产品是一项免费的附加服务,从而乐意购买,有利于扩大市场占有率。同时,能使企业维持一个全国性的广告价格,易于管理。该策略适用于体积小、重量轻、运费低或运费占成本比例较小的产品。

4. 分区运送定价

分区运送定价,也称区域定价,是指卖方根据车主所在地区距离的远近,将产品覆盖的整个市场分成若干个区域,在每个区域内实行统一价格。这种价格介于产地交货定价和统一交货定价之间。实行这种办法,处于同一价格区域内的车主,就得不到来自卖方的价格优惠;而处于两个价格区域交界地的车主之间就得承受不同的价格负担。

5. 运费津贴定价

运费津贴定价是指为弥补产地交货价格策略的不足,减轻买方的运杂费、保险费等负担,由卖方补贴其部分或全部运费。该策略有利于减轻边远地区车主的运费负担,使企业保持市场占有率,并不断开拓新市场。

7.3.6 差别定价策略

差别定价策略是指对同一产品针对不同的顾客、不同的市场制定不同的价格的策略。其种类主要有：以顾客为基础的差别定价策略、以产品为基础的差别定价策略、以产品部位为基础的差别定价策略和以销售时间为基础的差别定价策略。

差别定价可以满足顾客的不同需要，能够为企业谋取更多的利润，因此，在实践中得到了广泛的运用。但是，实行差别定价必须具备一定的条件，否则，不仅达不到差别定价的目的，甚至会产生相反的效果。

1. 车主差别定价

即企业按照不同的价格把同一种产品或服务卖给不同的车主。例如，对高档汽车和低档汽车的贴膜，制定不同的价格。

2. 产品形式差别定价

即企业对不同型号或形式的产品分别制定不同的价格。

3. 产品部位差别定价

企业对于处在不同位置的产品或服务分别制定不同的价格，即使这些产品或服务的成本费用没有任何差异。

4. 销售时间差别定价

企业对于不同季节、不同时期甚至不同钟点的产品或服务分别制定不同的价格。例如，夜间维修价格高于白天维修的价格。

差别定价必须具备以下条件：

（1）市场必须是可以细分的，并且各个细分市场须表现出不同的需求程度。

（2）以较低价格购买某种产品的车主没有可能以较高价格把这种产品倒卖给别人。

（3）竞争者没有可能在企业以较高价格销售产品的市场上以低价竞销。

（4）细分市场和控制市场的成本费用不得超过因实行价格歧视而得到的额外收入。

（5）价格歧视不会引起车主反感，放弃购买，影响销售。

（6）采取的价格歧视不能违法。

7.4 汽车用品营销目标管理

汽车用品营销目标管理是通过设定合理的营销目标，并对其进行合理的分解，通过合适的手段予以实施和监控，并关注最终结果和评估的一种管理过程。

管理专家彼得·德鲁克认为，并不是有了工作才有目标，而是相反，有了目标才能确定每个人的工作。所以"企业的使命和任务，必须转化为目标"，如果一个领域没有目标，这个领域的工作必然被忽视。因此管理者应该通过设定目标对下级进行管理，当组织最高层管理者确定了组织目标后，必须对其进行有效分解，转变成各个部门以及各个人的分目标，管理者根据分目标的完成情况对下级进行考核、评价和奖惩。

对于汽车用品营销而言，设立汽车用品营销目标同样如此。有了目标才有努力的方向和动力。如果没有目标,工作往往会无所适从,不知道应该怎么去做。同时,制定营销目标的过程也是规划如何实施的过程,能够提高团队成员的工作效率,培养良好的工作习惯。

7.4.1 设立汽车用品营销目标

目标管理是一种程序或过程,它使公司中的上级和下级一起协商,根据公司的使命确定一定时期内公司的总目标,由此决定上、下级的责任和分目标,并把这些目标作为公司经营、评估和奖励每个部门和个人贡献的标准。

如果公司总经理跟 A 部门经理布置任务时说:"张经理,你负责这个项目,一定要把这个产品的营销工作给做好。"A 部门张经理回答:"好的,总经理请放心,我一定把这个产品的营销工作做好!"那么,什么是"一定把这个产品的营销工作做好"呢?评判好与不好的尺度是什么呢?到年底销售多少才是好?因此,必须首先设定目标。比如要求今年完成 1000万销售额,那么销售额做到 1000 万就是达成目标,超过 1000 万就是好,超的越多越好,低于1000 万就是不好。有了具体的目标,既有了努力的方向,又有了评判结果的标准。

但是,目标的设立必须合理可行,既不能太高也不能太低。有一个形象的说法:目标就像树上的桃子,一伸手就能够到就太容易了;再怎样努力的跳起来也碰不着就是太高了;最适宜的高度是跳起来能够摘到。汽车用品营销目标是在对汽车后市场充分了解分析之后,挖掘所有可能的机会点,设定的一个有一定难度、但经过努力能够完成的目标,并通过目标分解,把机会和潜在的机会转化为现实销量和效益。

汽车用品营销目标具体分为:

销售额目标:公司的销售额任务,以出货数量或金额计算。

销售费用率目标:公司规定每个区域的产品或总体市场拓展费用占该区域同期销售额的比重,包括:条码费、助销物、广宣品、赠品、促销品等及其他零散的小额市场拓展费用等。

销售利润目标:公司在此期间获取的利润,分税前利润和税后利润。

市场份额目标:公司产品在某区域市场占有的市场份额比例。

制定营销目标的 SMART 原则:

S——具体性(Specific),即目标要具体。明确的目标几乎是所有成功团队的共同特点。很多团队不成功的重要原因之一就因为目标定的模棱两可。

M——可衡量性(Measurable),即目标要可衡量,能量化的量化,不能量化的质化。如果制定的目标没有办法衡量,就无法判断这个目标是否实现,也就没有实际意义。

A——可实现性(Attainable),目标是要能够被执行人所接受的,目标设置要坚持员工参与、上下左右沟通,使拟定的营销目标在组织与个人之间达成一致。既要使工作内容饱满,也要具有可达成性。

R——相关性(Relevant),目标是要与其他目标具有一定的相关性,如果实现了这个目标与其他的目标完全不相关或者相关度很低,那这个目标即使达到了,意义也不大。

T——限时性(Time - bound),指设定目标时必须同时限定目标实现的时间。这一点很容易被理解,但也很容易被忽视。目标设置要根据任务的权重、事情的轻重缓急,拟定出完成目标项目的时间要求,定期检查项目的完成进度,及时掌握项目进展的变化情况,以方便

根据出现的异常情况变化及时地调整工作计划。

7.4.2　分解汽车用品营销目标

分解汽车用品营销目标包含两部分内容,一是将年度总目标分解到月或者季度,二是将目标分解到部门甚至个人。

1. 分解设定月度汽车用品营销目标

年度总目标分解的第一步就是确定月度营销目标,计划每个月的汽车用品营销目标。因为汽车用品营销有淡旺季之分,所以每个月的营销额会有差别。比如,10月通常是汽车销售高峰月,也是汽车用品销售旺季;而11月和12月汽车销量会衰减,汽车用品销售额也会随之下降,做计划时要考虑到这个因素。

分解目标时要注意:

(1) 分解月度目标总和要高于年度总目标。

(2) 分解目标要既有挑战性,又有可执行性。目标难度适中,有难度但不能让人产生畏惧情绪。

(3) 分解目标要便于控制管理。

2. 分解目标到部门

将目标分解到各个部门并进一步分配到个人。汽车用品销售跟汽车整车销售一样,不是指定谁做,而是任何人都可以做也应该做,即所谓的全员销售。比如,市场部做整车销售的人可以将汽车用品与新车结合起来一并销售;推广部在做宣传资料时可以把汽车用品的宣传加上去,给客户发汽车用品优惠的信息等;维修保养的工作人员可以在工作中推销汽车用品等等。在全员营销的原则下,根据各部门具体个人的特点进行针对性的分配,让不同的人卖不同的东西。例如:洗车的人主要卖雨刷及清洁用品,做维修保养的人卖汽车养护用品,整车销售人员卖汽车内外装饰用品,客服人员卖香水、头枕等简单的内饰用品等。分解过程中根据实际情况为每一位员工分配一定的销售指标。

目标分解的原则:①公平:避免本来有能力完成任务的员工因任务分配不公平而产生抵触情绪,影响销售业绩。②合理:销售任务要结合品牌的实际情况,在合理的原则下进行分配。任务额的制定要参考去年同期历史数据、近期销售报表、周边竞争对手促销信息、促销活动的组织情况、公司销售目标预期值、同事实际完成任务的能力、季节及公司货品供应状况等。③可实现:把握可以实现的原则。可以设定一个基本目标和一个二级目标。基本目标用于保证销售目标的实现,二级目标用来促进销售业绩的提高。

销售任务分配方法:①平均分配法,将当月的任务平均分配给每一个员工,并根据平均任务额考核每一位员工的完成情况,适用于所有员工的销售能力相当的情况。②分级分配法,将员工按工作能力分为几个级别,任务额也分成几个等级。③每日定额法,将全月任务分摊到每一天,根据每天的客流量,确定每天的销售目标。④阶段定额法,根据当月的促销活动的时间段,分配全月的销售任务。

7.4.3　制定汽车用品营销活动计划

汽车用品营销目标落实到每一个部门之后,接下来就要设定营销活动计划。不同的季节,汽车用品市场需求的重点会有所不同,汽车用品营销要顺应这样的变化。比如,夏天来临之际着重推销隔热清凉的产品(防爆膜、凉垫、车载冰箱等),冬天来临之际重点推销取暖类产品(羊毛垫等);在节假日推出汽车用品促销活动;一个很有卖点的新型汽车用品出现时重点进行推广等。汽车用品营销活动计划要规划好开展哪类汽车用品营销活动,什么时候开始大力推行,需要什么宣传,怎么去卖,各个部门如何配合等等。

做好营销活动计划之后,就能大概预计销售情况,可以着手签订目标责任书。签订目标责任书需把握住以下几点:

(1) 在规定的时间内完成。比如,某企业每年 12 月 31 日前,销售部确定各区域下一年的年度、季度销售目标和费用率,由营销总监、总经理审批,并由销售部以公司文件的形式直接下达给各省部和直属区域。

(2) 销售目标要进行具体确认。比如,某企业每季度第三个月 5 日前,由省部和直属区域经理向销售部上报下季度销售目标确认书和分解表,经销售部评审、沟通与调整,由营销总监审核、总经理审批。

(3) 目标责任书签署。比如,某企业每季度第三个月末,由区域经理签署季度销售目标责任书,并经销售部经理确认,由营销总监签字生效。

7.4.4 汽车用品营销目标设立的工具

目标管理方法中很重要的一点是反馈与调整。此时可借助报表作为辅助工具。逻辑清晰、数据明确、重点突出的报表会使反馈与调整进行得更加高效。利用汽车用品月度报告对目标完成进度及销售情况进行跟踪管理和分析,并及时调整目标,制定下月计划。在汽车用品销售月报表中不仅含有业绩、目标达成率等常规项目,还包括畅销产品产值统计、去年同期比、单车产值、赠送情况和下月目标等汽车用品销售和目标管理的重要项目。利用 Excel 制作报表的同时生成坐标图,能够让汽车用品销售趋势直观地呈现出来,便于公司管理者判明市场形势,进而制定正确的营销对策(表 7－1、表 7－2)。

表 7－1　年度目标明细表

项目＼月份	1月	2月	3月	4月	5月	6月	7月	8月	9月	10月	11月	12月	月合计	年度目标	差距
目标															
实绩															
与目标差															
月度目标达成率															
年度累计目标达成率															

表 7-2 销售顾问个人精品销售明细

销售顾问	新车销售台次	台均精品赠送额	台均精品销售额	累计销售额	精品销售任务	当月目标完成率	上月目标完成率
王××							
刘××							
吴××							

卡片也是设立目标的一种工具。比如,某个汽车 4S 店制作了一种汽车用品销售卡,顾客来了,汽车用品销售员第一时间用这个卡给他做记录,记录顾客购买了哪些汽车用品、做了哪些安装,记录后放到客户的档案里面去。等顾客下次再来,销售员翻一下记录卡,就很清楚他之前的消费记录,可以有针对性地向顾客推荐汽车用品。如果没有这样的记录,那就很可能出现重复推销某件产品的情况。此外,还有一种 AC 卡,顾客来了让他填表,还没有买的汽车用品填 A 卡,买了但迟早需要换的填 B 卡,全部做完的改装项目填 C 卡。销售员通过记号、打孔、剪角等形式记录顾客汽车用品购买或安装情况,例如,用剪角的形式把卡一剪,以后这个顾客来了销售员就不介绍这类汽车用品或安装了。这样的工具让销售汽车用品的销售员能够快速识别销售什么不销售什么、给顾客介绍什么汽车用品、不要给顾客介绍什么汽车用品,提高销售员的工作效率。

7.4.5 督促、考核与评估营销目标

使用目标管理方法,是为了提高目标的可控性和达标率,以提高企业盈利。心理学家曾经做过一个实验:组织两组人,分别步行到十公里外的两个村庄。第一组的人既不知村庄的名字,也不知道具体的路程,被告知跟着向导走就行了。第二组的人不仅知道村庄的名字和路程,而且公路旁每一公里就有一块里程碑。第一组刚走出两三公里,就开始有人叫苦;走到一半时,有人几乎愤怒了,甚至坐到路边再也不愿走了;最后第一组到达目的地的人寥寥无几。第二组的人边走边看里程碑,每缩短一公里大家便有一小阵的快乐;行进中,他们知道距离目标越来越近,情绪一直很高涨,全部到达了目的地。

目标管理实施中,必须随时跟踪每一个目标的进展,发现问题及时协商、及时处理、及时采取正确的补救措施,确保目标运行方向正确、进展顺利。当目标运行遇到困难,可能影响目标的适时实现时,责任人往往会采取一些应急的手段或方法,这必然导致实现目标的成本不断上升。在督促检查的过程当中,必须对运行成本作严格控制。

必须严格按照目标管理方案或项目管理目标,逐项进行考核并作出结论。根据评价结果,兑现奖惩。

复习思考题

1. 汽车用品的产品有哪些特点?
2. 汽车用品销售有哪些特点?
3. 汽车用品的客户有怎样的消费特点?
4. 汽车用品营销有哪几种模式?哪种适合应用于 4S 店,为什么?

5. 假定你是某汽车用品营销商的区域经理,请为你所在的区域设计一套营销模式。

6. 请自行选择3种完全不同的汽车用品,分别选用不同的定价策略为其定价。

7. 假定你是某汽车用品营销商的区域经理(比如学校所在城市),请制定一套汽车用品营销目标管理方案。

第8章

汽车用品库存管理

【学习目标】
　　1. 掌握汽车用品库存管理方法。
　　2. 了解汽车用品库存管理流程。
　　3. 掌握各种汽车用品库存量的控制方法。

【本章重点】
　　1. 汽车用品库存管理方法。
　　2. 汽车用品库存量的控制方法。

8.1　汽车用品库存管理方法

　　因为汽车用品种类繁多,所以库存管理相对复杂但非常重要。可以说,对于汽车用品而言,库存管理的水平直接关系营销的成败。汽车用品库存管理要解决以下几个问题:何时订货、订多少货、在哪儿存货、存什么货以及货物种类与仓库的搭配。

　　库存管理方法很多,选择一种适合的方法至关重要。方法得当,事半功倍,反之则事倍功半。选择库存管理方法的原则是要选择适合本企业的实际特点,每种库存管理方法都有假设条件,本企业的实际情况必须能够近似于这种假设条件才行。

　　传统库存控制的任务是用最小的储备量保证供应,不缺货,谋求"以最小的储备量保证供应"。现代库存控制的任务是通过适量的库存达到合理的供应,实现总成本最低的目标。

　　库存管理要遵循"经济性原则",管理成本不能超过由此带来的库存成本节约。库存管理需要在库存成本和客户服务水平之间寻找平衡点,最佳的客户服务水平往往不是最佳选择,需要寻找达到"满意"的客户服务水平基础上的最低库存。

8.1.1　库存管理分类方法

　　要对库存进行有效的管理和控制,首先要对库存商品进行分类。常用的库存商品分类方法有 ABC 分类法和 CVA 分类法。

　　1. ABC 分类法

　　ABC 分类法又称重点管理法或 ABC 分析法。它是一种从名目众多、错综复杂的商品

中,通过分析,找出主次,分类排队,并根据不同情况分别加以管理的方法。该方法通常将库存按年度货币占用量分为三类:

A 类是年度货币量最高的库存,这些品种可能只占库存总数的 15%,但用于它们的库存成本却占到总数的 70%~80%;

B 类是年度货币量中等的库存,这些品种占全部库存的 30%,占总价值的 15%~25%;

C 类是那些年度货币量较低的库存品种,它们只占全部年度货币量的 5%,但却占库存总数的 55%。

除货币量指标外,企业还可以按照销售量、销售额、订货提前期、缺货成本等指标将库存进行分类。通过分类,管理者就能为每一类的库存品种制定不同的管理策略,实施不同的控制。

建立在 ABC 分类基础上的库存管理策略包括以下内容:

(1)花费在购买 A 类库存的资金应大大多于花在 C 类库存上的。

(2)对 A 类库存的现场管理应更严格,它们应存放在更安全的地方,而且为了保证它们的记录准确性,更应对它们频繁地进行检验。

(3)预测 A 类库存应比预测其他类库存更为仔细精心。

ABC 分析法所需要的年度货币占用量,可以用每个品种的年度库存需求量乘以其库存成本。表 8-1 中列出了三种库存类型的管理策略。

表 8-1 不同类型库存的管理策略

库存类型	特点(按货币量占用)	管理方法
A	品种数约占库存总数的 15%,成本约占 70%~80%	进行重点管理。现场管理要更加严格,应放在更安全的地方;为了保持库存记录的准确要经常进行检查和盘点;预测时要更加仔细
B	品种数约占库存总数的 30%,成本约占 15%~25%	进行次重点管理。现场管理不必投入比 A 类更多的精力;库存检查和盘点的周期可以比 A 类要长一些
C	成本也许只占成本的 5%,但品种数量或许是库存总数的 55%	只进行一般管理。现场管理可以更粗放一些;但是由于品种多,差错出现的可能性也比较大,因此也必须定期进行库存检查和盘点,周期可以比 B 类长一些

利用 ABC 分析法可以使企业更好地进行预测和现场控制,以及减少安全库存和库存投资。

ABC 分类法并不局限于分成三类,可以增加,但最多不要超过五类,过多的种类反而会增加控制成本。

2. CVA 分类法

ABC 分类法有不足之处,主要是 C 类货物得不到应有的重视也会导致断货。因此,有些企业在库存管理中引入了 CVA 分类法,即关键因素分析法(Critical Value Analysis,CVA)。

CVA 分类法的基本思想是把存货按照关键性分成 3~4 类,表 8-2 列出了按 CVA 分类法所划分的库存种类及其管理策略。

表 8-2　CVA 分类法库存种类及其管理策略

库存类型	特　点	管理措施
最高优先级	经营管理中的关键物品,或 A 类重点客户的存货	不许缺货
较高优先级	生产经营中的基础性物品,或 B 类客户的存货	允许偶尔缺货
中等优先级	生产经营中比较重要的物品,或 C 类客户的存货	允许合理范围内缺货
较低优先级	生产经营中需要,但可替代的物品	允许缺货

CVA 分类法比起 ABC 分类法有着更强的目的性。在使用中要注意,人们往往倾向于制定高的优先级,结果高优先级的商品种类很多,最终哪种商品也得不到应有的重视。CVA分类法和 ABC 分类法结合使用,可以达到对成千上万种商品分清主次、抓住关键的目的。

8.1.2　库存管理方法的评价指标

消费者在购买商品之前通常要对销售者保质保量提供商品的能力进行调查,只有在充分相信这种能力以后才进行购买。相应地,销售者要巩固老客户,吸引新客户,就必须对库存进行良好的管理。库存管理方法的评价指标主要有以下几个方面:

(1) 客户满意度。客户满意度是指客户对于销售者现在的服务水平的满意程度。这个指标涉及许多内容:客户忠诚度、取消订货的频率、不能按时供货的次数、与销售渠道中经销商的密切关系等。

(2) 延期交货。如果一个企业经常延期交货,不得不使用加急运输的方法来弥补库存的不足,那么可以说,这个企业的库存管理系统运行效率很低。但并不是说企业绝对不能有延期交货,如果降低库存水平引起的延期交货成本低于节约的库存成本,那么这种方案是可取的,它可以实现企业总成本最低的目标。

(3) 库存周转次数。计算单个产品、某系列产品的周转次数可以反映企业的库存管理水平。可以通过对各个时期销售渠道中各个环节的库存周转次数进行比较,看看周转次数的发展趋势是上升还是下降,周转的"瓶颈"是在销售渠道的哪个环节。

库存周转次数的计算公式为

库存周转次数＝年销售额/年平均库存值

总体来说,库存周转次数越大表明企业的库存控制越有效,但有时客户订货时却不能马上得到货物,这就降低了客户服务水平。企业要想增大库存周转次数并维持原有的客户服务水平,就必须使用快速、可靠的运输方式,优化订单处理程序,来降低安全库存,达到增大库存周转次数的目的。对企业各环节、各种产品的库存周转次数进行分析评价,就可以发现企业物流系统的问题所在。

8.2　汽车用品库存管理流程

汽车用品库存管理主要是对库存商品的入库、出库、调拨、盘点等进行全面控制和管理,以便及时了解库存情况,达到降低库存量、提高取货备货效率。

库存管理的具体内容有:基础数据维护、入库操作、出库操作、领料操作、库存调拨、损耗操作、盘点操作、套件组合(分拆)、报表输出等。

库存管理流程如图 8‒1 所示。

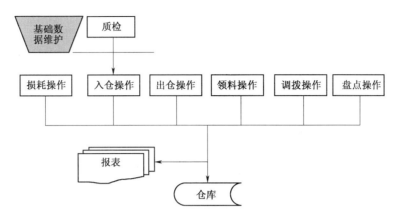

图 8‒1　库存管理流程

1. 基础数据维护

基础数据维护包括:仓库信息、存放地点信息、组件构成信息、库存常用数据等。

仓库信息:用于定义多仓库,如 A 仓库、B 仓库等。

存放地点信息:用于定义仓库中的某一具体位置,如 A 仓库 A202 货位。

组件构成信息:用于定义组件的零部件构成,以便进行套件组合时调用。

2. 入仓操作

入仓操作是对物品入库进行管理。入库包括正常入库、采购入库、生产入库。入库记录信息包括:物品编号、名称、规格、数量、单价、金额、存放地点等。入库后,库存商品数量、结存均价、金额都将作相应变化。

3. 出仓操作

出仓操作是对商品的出仓进行管理。出仓包括正常出仓、销售出仓、领料出仓。出仓记录信息包括:物品编号、名称、规格、数量、单价、金额、存放地点等。出仓后,库存商品数量、结存均价、金额都将作相应变化。

4. 调拨操作

调拨操作是对各存放地点、各仓库之间进行物品转移。调拨记录的信息有:概要信息(如:调拨单号、调拨原因、经手人、审核人、日期);明细信息(如:商品编号、名称、规格、单位、单价、数量、金额、转出地点、转入地点)。

5. 损耗操作

损耗操作是处理仓库中由于各种原因而损坏、报废或遗失的商品数据,损耗单确认后,损耗物品的库存数量、结存均价、结存金额等将作相应变化。

6. 组合操作

组合操作是将组件或零件组合成套件,便于套件的出仓操作。组合后,套件将以一条新的库存记录增加至库存表,而构成套件的组件或零件在库存中的数量将相应减少。

7. 分拆操作

分拆操作是组合操作的逆过程,用于对成套产品进行分拆。

8. 盘点操作

盘点操作用于进行库存盘点,盘点时填写盘点单。

盘点表包含的信息有:商品编号、名称、规格、材料、产地、单位、存放地点、结存数量、盘点数量、盈亏数量、盘点日期、盘点人。

9. 库存月报表

库存月报表对本月库存商品的收入、发出及当前存量和价格进行了统计。

统计的信息有:商品编号、名称、规格、材料、产地、单位、期初数量、期初均价、期初进额、收入数量、收入均价、收入金额、平均价格以及发出数量、发出金额、结存数量。

8.3 汽车用品库存量的控制方法

传统的库存量控制方法包括确定条件和不确定条件下的经济订货批量法、固定订货周期法等数学模型方法。

在企业的决策中,少数几个关键性因素通常起决定作用,决策模型为了突出这些因素,就必须对现实进行抽象,做出许多假设,忽略次要因素,简化决策过程。模型的假设条件决定了该模型的复杂程度和精确程度。一般来讲,假设条件越简化、越脱离现实,这个模型越容易理解、容易操作,但其结果往往不太精确。决策者必须在复杂程度和精确程度之间进行权衡,在不脱离现实太远的前提下,使模型尽可能地简单明了。

1. 库存成本

汽车用品库存成本的构成主要包括四个方面,即库存持有成本、订货或生产准备成本、缺货成本和在途库存储存成本。

1)库存持有成本

库存持有成本是指为保持库存而发生的成本,它可以分为固定成本和变动成本。固定成本与库存数量的多少无关,如仓库折旧、仓库职工的固定工资等;变动成本与库存数量的多少有关,如库存占用资金的应计利息、破损和变质损失、安全费用等。变动成本主要包括以下四项成本:资金占用成本、存储空间成本、库存服务成本和库存风险成本。

2)订货成本

订货成本,是指企业向外部的供应商发出采购订单的成本,包括处理订货的差旅费、邮资、通信费、文件处理费用等支出。订货成本中有一部分与订货次数无关,如常设采购机构的基本开支等,称为订货的固定成本;另一部分与订货的次数有关,如差旅费、邮资等,称为订货的变动成本。具体来讲,订货成本包括与下列活动相关的费用:

(1)检查存货水平。

(2)编制并提出订货申请。

(3)对多个供应商进行调查比较,选择最合适的供货商。

(4)填写并发出订货单。

(5)填写、核对收货单。

（6）验收发来的货物。

（7）筹备资金并进行付款。

这些成本很容易被忽视,但在考虑涉及订货、收货的全部活动时,这些成本很重要。

3）库存持有成本与订货成本的关系

订货成本和持有成本随着订货次数或订货规模的变化而呈反方向变化,起初随着订货批量的增加,订货成本的下降比持有成本的增加要快,即订货成本的边际节约额比持有成本的边际增加额要多,使得总成本下降。当订货批量增加到某一点时,订货成本的边际节约额与持有成本的边际增加额相等,这时总成本最小。此后,随着订货批量的不断增加,订货成本的边际节约额比持有成本的边际增加额要小,导致总成本不断增加。

总之,随着订货规模的增加,持有成本增加,而订货成本降低,总成本线呈 U 型。其关系如图 8-2 所示。

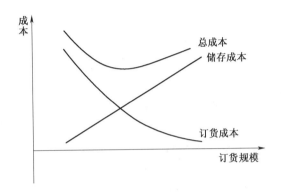

图 8-2　存货成本与订货规模的关系

4）缺货成本

库存决策中另一项主要成本是缺货成本,是指由于库存供应中断而造成的损失,包括库存缺货造成的延迟发货损失、丧失销售机会的损失以及商誉损失。当一种产品缺货时,客户就会购买竞争对手的产品,那么就对企业产生直接利润损失,如果失去客户,还可能为企业造成间接或长期成本。

2. 经济订货批量法（EOQ）

1）库存周期

库存总成本最小的订货量称为经济订货批量（Economic Order Quantity,EOQ）。经济订货批量模型如图 8-3 所示,图中 Q 为订货量。这里描述了三个库存周期,每一个周期都以 Q 个单位为开始,它是固定订货批量。刚收到订货时,库存水准为 Q 个单位,物品按斜率为负值的斜线表示的某一固定需求率 R 出库。当库存量降至再订货点时,就按 Q 单位发出一批新的订货,经过一固定的提前期后,货物便到达入库。这是一个经济订货批量模型在确定性条件下应用的例子。

建立再订货点是为何时订购固定批量提供一个信号,在企业库存管理中,再订货点是以提前期或补充时间为概念,以补充固定批量所需的时间长度为基础。

2）简单 EOQ 模型

简单 EOQ 模型的基本假设如下:

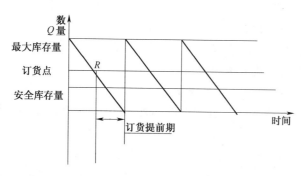

图 8-3　经济订货批量模型

（1）需求量确定并已知,整个周期内的需求是均衡的。

（2）供货周期固定并已知。

（3）集中到货,而不是陆续入库。

（4）不允许缺货,能满足所有需求。

（5）购买价格或运输费率等是固定的,与订货的数量、时间无关。

（6）没有在途库存。

（7）只有一项产品库存,或虽有多种库存,但各不相关。

（8）资金可用性无限制。

在以上假设前提下,简单 EOQ 模型只考虑两类成本:库存持有成本与订货或生产准备成本。简单模型的决策涉及两种成本之间的权衡分析。如图 8-2 所示,库存持有成本随订货批量的增加而线性增加,如果只考虑库存持有成本,则订货批量越小越好。而总订货成本随订货批量的增加而减少,如果只考虑订货成本,则订货批量越大越好。因此,应权衡考虑两种成本,使总成本达到最小的订货批量即为最优订货批量。

3）再订货点

除了要知道订货多少之外,还必须知道什么时候订货,这就是再订货点。在确定性条件下,在补充期或提前期需要足够的库存,因此如果提前期已知,可以用提前期乘上日需求量来确定再订货点。

假设订货补充期或提前期为 10 天,已知每天的需求量是 10 个单位,那么提前订货点是100 单位（10 天×10 单位/天）。

3. 订货点法(定量订货方式)

所谓订货点法,是指库存量下降到一定水平(订货点)时,按固定的订货数量进行订货的方式。该方法的关键在于计算出订货点的储备量,对于某种物品来说,当订货点和订货量确定后,就可以实现库存的自动管理。

订货点的计算公式为

$$订货点 = 平均日需求量×平均订货周期+安全量$$

1）订货点法的优点

（1）管理简便,订货时间和订货量不受人为判断的影响,保证库存管理的准确性。

（2）由于订货量一定,便于安排库内的作业活动,节约理货费用。

（3）便于按经济订货批量订货,节约库存总成本。

2）订货点法的缺点

（1）不便于对库存进行严格的管理。

（2）订货之前的各项计划比较复杂。

3）订货点法的适用范围

（1）单价比较便宜，而且不便于少量订货的物品。

（2）需求预测比较困难的物品。

（3）品种数量多，库存管理事务量大的物品。

（4）消费量计算复杂的物品。

（5）通用性强，需求总量比较稳定的物品等。

4. 固定订货周期法（定期订货方式）

这种方法的特点是按照固定的时间周期来订货（一个月或一周等），而订货数量则是变化的。一般都是事先依据对产品需求量的预测，确定一个比较恰当的最高库存额，在每个周期将要结束时，对存货进行盘点，决定订货量，货物到达后的库存量刚好到达原定的最高库存额。

与 EOQ 方法相比，这种方法不必严格跟踪库存水平，减少了库存登记费用和盘点次数。价值较低的商品可以大批量购买，也不必关心日常的库存量，只要定期补充就可以了。

如果需求和订货提前期是确定的，并且可以提前知道，那么使用固定订货周期法时，每周期的订货量是一样的。如果需求和订货提前期都不确定，那么每周期的订货量就是需求和订货提前期的函数。

这种方法的关键在于确定订货周期，订货周期是指提出订货、发出订货通知，直至收到订货的时间间隔。采用这种库存管理的方法进行订货时，需要预先掌握每个时期内订货点的库存量。

定期订货法的适用范围：

（1）消费金额高，需要实施严密管理的重要商品。

（2）根据市场的状况和经营方针，需要经常调整生产或采购数量的商品。

（3）需求量变动幅度大，而且变动具有周期性，可以正确判断的商品。

（4）设计变更风险大的物品。

（5）多种商品采购可以节省费用的情况。

（6）同一品种商品分散保管、向多家供货商订货、批量订货分期入库等订货、保管、入库不规则的商品。

（7）需要定期制造的物品等。

5. 安全库存

许多企业会考虑保持一定数量的安全库存，即缓冲库存以防在需求或提前期方面的不确定性，困难在于确定需要保持多少安全库存。安全库存太多意味着多余的库存，而安全库存不足则意味着缺货或失销。

如果安全库存量增加，缺货概率就会减少。在某一个安全存货水平，储存额外数量的成本加期望缺货成本有一个最小值，这个水平就是最优水平。高于或低于这个水平，都将产生损失。

零售业保持安全库存可以在用户的需求率不规律或不可预测的情况下，有能力保证供应。准备这些追加库存是要不失时机地为客户服务,以保证企业的长期效益。

如果发生缺货,将导致延期交货、失销、失去客户的情况发生。下面分别讨论这三种情况。

(1)延期交货。延期交货可以有两种形式,或者缺货商品可以在下次规则订货中得到补充,或者利用快递延期交货。

如果客户愿意等到下一个规则订货,那么公司实际上没有什么损失。但如果经常缺货,客户可能就会转向其他供货商。

如果缺货商品延期交货,那么就会发生特殊订单处理和运输费用。延期交货的特殊订单处理费用高,运输费率高。延期交货成本可根据额外订单处理费用和额外运费来计算。

(2)失销。尽管一些客户可以允许延期交货,但是仍有一些客户会转向其他商家。在这种情况下,缺货导致失销。对于卖方的直接损失是这种产品的利润损失,可以通过计算这种产品的利润乘以客户的订货数量来确定。

关于失销,需要指出以下三点:

第一,除了利润的损失,还包括当初负责这笔业务的销售人员的精力浪费,这就是机会损失。

第二,很难确定在一些情况下的失销总量。例如,许多客户习惯电话订货,在这种情况下,客户只是询问是否有货,而未指明要订货多少,如果这种产品没货,那么客户就不会说明需要多少,卖方也就不会知道损失的总量。

第三,很难估计一次缺货对未来销售的影响。

(3)失去客户。由于缺货,客户永远转向另一个商家。失去了客户,企业也就失去了未来一系列收入,这种缺货造成的损失很难估计,需要用管理科学的技术以及市场营销的研究方法来分析和计算。除了利润损失,还有由于缺货造成的信誉损失。信誉很难度量,在库存决策中常被忽略,但它对未来销售及企业经营活动非常重要。

为了确定需要保持多少库存,有必要确定如果发生缺货而造成的损失。

如果增加库存的成本少于一次缺货的损失,那么就应增加库存以避免缺货。

复习思考题

1. 什么是库存管理 ABC 分类法?什么是库存管理 CVA 分类法?它们各有什么特点?
2. 汽车用品库存管理包含哪些流程?
3. 汽车用品库存成本的构成主要包括哪几个方面?
4. 什么是汽车用品库存管理的经济订货批量法 EOQ?
5. 什么是汽车用品库存管理的订货点法?
6. 什么是汽车用品库存管理的固定订货周期法?
7. 怎样确定汽车用品的安全库存?

参 考 文 献

[1] 谢忠辉．消费心理学及实务[M]．北京:机械工业出版社,2011.

[2] 叶志斌．汽车营销原理与实务[M]．北京:机械工业出版社,2012.

[3] 张丹,牛雅丽．汽车销售原理与实务[M]．北京:机械工业出版社,2011.

[4] 周菁华．企业定价策略[M]．重庆:重庆大学出版社,2012.

[5] 毛矛,张鹏九．汽车评估实务[M]．北京:机械工业出版社,2008.

[6] 周志轩．目标管理与绩效考核[M]．成都:成都时代出版社,2008.

[7] 刘军．汽车4S店销售运营模式与案例[M]．北京:化学工业出版社,2014.

[8] 毛矛．新概念汽车实用英语[M]．北京:机械工业出版社,2011.